国家中等职业教育改革发展示范学校
建设计划项目建设成果

会计电算化专业核心课程丛书

会计核算与报告

Kuaiji Hesuan yu Baogao

- 主　编　于立辉　于淑娟
- 副主编　刘建国　王琳琳
  　　　　战　旗　徐元春
- 参　编　李　征　刘天飞

中国科学技术大学出版社

内 容 简 介

本书是会计电算化这一核心专业课程的配套教材,该课程在"与会计工作岗位相对接的专业学习领域"课程体系中处于核心地位。全书共9个项目、27个具体的工作任务,以制造企业实际会计岗位涉及的基本经济业务为基础,以实际业务的原始会计核算资料为内容,遵循企业会计准则,主要内容包括:出纳业务的核算,存货的核算,固定资产和无形资产的核算,交易性金融资产的核算,职工薪酬的核算,往来款项的核算,收入、费用、利润的核算,所有者权益的核算和财务报告的编制。在每个工作任务中设有"情境引入"、"学习目标"、"任务内容"、"知识准备"、"操作指南"5个项目。

本书的特色在于以培养学生的职业能力为目标,根据职业学校学生的认知规律,通过对典型工作任务的提炼,剖析典型工作任务对接的会计职业能力,采用真实的情景教学,使学生具备胜任会计工作所必需的会计基本技能,能够正确分析和处理企业的日常会计交易、事项,从而不断提高学生分析问题和解决问题的能力。

本书可作为相关专业教材,也可作为相关人员的参考用书。

图书在版编目(CIP)数据

会计核算与报告/于立辉,于淑娟主编.—合肥:中国科学技术大学出版社,2014.1
(2022.2重印)
(会计电算化专业核心课程丛书)
ISBN 978-7-312-03369-8

Ⅰ.会… Ⅱ.①于…②于… Ⅲ.制造工业—工业会计—教材 Ⅳ.F407.406.72

中国版本图书馆 CIP 数据核字(2013)第 309479 号

出版	中国科学技术大学出版社 安徽省合肥市金寨路96号,230026 http://press.ustc.edu.cn
印刷	合肥市宏基印刷有限公司
发行	中国科学技术大学出版社
经销	全国新华书店
开本	787 mm×1092 mm 1/16
印张	15.75
字数	376 千
版次	2014 年 1 月第 1 版
印次	2022 年 2 月第 2 次印刷
定价	30.00 元

前　言

　　会计是一个信息系统，经济越发展，会计越重要。随着我国市场经济的不断发展，社会对会计人员的职业素质、执业能力和执业水平的要求越来越高。会计电算化专业的学生要尽可能地缩短"岗位适应期"，快速适应职业岗位，独立地开展日常会计业务工作。同时，会计电算化专业的学生也非常希望能够在掌握理论知识的基础上，提高实践操作能力，以便尽可能地满足就业需求。因此，本书重在让学生熟练掌握会计操作的基本技能和会计实务的处理方法。

　　我国中等职业教育的人才培养目标是培养上手快、动手能力强的技能型应用人才。针对这一培养目标，我们在不断进行教学体系改革的基础上，遵循OBE人才培养理念，"以学生为中心，以目标为导向"，融"教、学、做"为一体，不断提升学生的综合技能，满足社会对"技能型"会计人才的需求。

　　本书的编写立足于"技能型"人才的培养，以工业企业为例，从实际工作业务操作角度出发，按企业会计岗位设置，系统讲述各会计岗位核算的内容、业务流程、业务的处理方法，并对会计各岗位核算的重点、难点等进行了详细的阐述，改变了传统的灌输理论知识的方式，采用来源于企业真实的原始资料，穿插了经济业务的原始凭证，增强了学生的视觉印象，避免了学生空洞的学习，最大限度地展现了会计实务原貌，有利于学生实践技能的培养，为学生将来的可持续发展奠定基础。

　　本书由具有多年教学与实际工作经验的于立辉、于淑娟担任主编，负责全书大纲的拟定、总纂、统稿和定稿；刘建国、战旗、王琳琳、徐元春老师担任副主编；李征、刘天飞担任参编。

　　在本书的编写过程中，我们借鉴、参考了许多同类教材与相关资料的精华，在此向原作者们致以诚挚的谢意。同时，本书在编写过程中得到了有关学者的指导和企业财务人员的支持，在此一并表示衷心的感谢。

　　由于编者水平有限，加之时间仓促，书中难免存在疏漏和不当之处，恳请各位专家和读者给予批评、指正。

　　鉴于我国税收法律的变化，特别是增值税的变化，借这次重印机会，我们对相关内容做了修订，以满足学生对账务会计核算、税收管理与核算最新动态的需求。

编　者
2013年12月

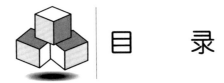

目　　录

前言 ……………………………………………………………………………（ i ）

项目一　出纳业务的核算 ……………………………………………………（ 1 ）
　　任务一　库存现金的核算 …………………………………………………（ 1 ）
　　任务二　银行存款的核算 …………………………………………………（ 6 ）
　　任务三　其他货币资金的核算 ……………………………………………（ 13 ）

项目二　存货的核算 …………………………………………………………（ 17 ）
　　任务一　实际成本计价材料的核算 ………………………………………（ 17 ）
　　任务二　计划成本计价材料的核算 ………………………………………（ 29 ）
　　任务三　库存商品的核算 …………………………………………………（ 39 ）
　　任务四　周转材料的核算 …………………………………………………（ 42 ）
　　任务五　委托加工物资的核算 ……………………………………………（ 50 ）
　　任务六　存货清查的核算 …………………………………………………（ 55 ）

项目三　固定资产和无形资产的核算 ………………………………………（ 59 ）
　　任务一　固定资产增加的核算 ……………………………………………（ 59 ）
　　任务二　固定资产折旧的核算 ……………………………………………（ 74 ）
　　任务三　固定资产处置的核算 ……………………………………………（ 79 ）
　　任务四　固定资产后续支出的核算 ………………………………………（ 88 ）
　　任务五　无形资产的核算 …………………………………………………（ 92 ）

项目四　交易性金融资产的核算 ……………………………………………（102）

项目五　职工薪酬的核算 ……………………………………………………（109）

项目六　往来款项的核算 ……………………………………………………（120）
　　任务一　应收款项的核算 …………………………………………………（120）
　　任务二　坏账的核算 ………………………………………………………（125）
　　任务三　应收票据的核算 …………………………………………………（128）
　　任务四　预付账款和其他应收款的核算 …………………………………（134）
　　任务五　应付账款的核算 …………………………………………………（139）
　　任务六　应付票据的核算 …………………………………………………（143）

  任务七 预收账款的核算 ············ (147)
  任务八 应付股利和应付利息的核算 ············ (150)
  任务九 其他应付款的核算 ············ (152)
  任务十 应交增值税的核算 ············ (154)
  任务十一 应交消费税的核算 ············ (162)
  任务十二 应交城市维护建设税和教育费附加的核算 ············ (166)
  任务十三 借款的核算 ············ (168)

项目七 收入、费用、利润的核算 ············ (172)
  任务一 收入的核算 ············ (172)
  任务二 费用的核算 ············ (184)
  任务三 利润的核算 ············ (192)

项目八 所有者权益的核算 ············ (202)
  任务一 所有者权益概述及投入资本的核算 ············ (202)
  任务二 资本公积的核算 ············ (207)
  任务三 盈余公积的核算 ············ (210)

项目九 财务报告的编制 ············ (214)
  任务一 财务报告概述及资产负债表的编制 ············ (214)
  任务二 利润表的编制 ············ (230)
  任务三 现金流量表(选学内容) ············ (234)

参考文献 ············ (244)

项目一
出纳业务的核算

任务一 库存现金的核算

情境引入

李丽是长春畅通公司的出纳员,在其丈夫的怂恿下,多次利用职务之便挪用公款共 2 000 000 元供其丈夫炒股票,由于近两年股票市场不景气,李丽丈夫所买的股票严重亏损,致使其挪用的资金还不上,给公司造成了很大的经济损失。李丽的行为已构成严重的犯罪,最终受到了法律的处罚。李丽为什么会有这样的结局?主要原因就是其对与出纳相关的制度置之不理。那么,这些制度又包括哪些内容呢?

学习目标

1. 熟悉现金管理制度,了解现金的使用范围、库存现金限额的核定。
2. 掌握现金日常收付业务的核算和现金清查的核算。

任务内容

例1 2021年8月8日,中天公司企划部王强出差归来,报销差旅费800元,余款200元交回现金,根据以上业务资料编制相应的记账凭证。

例2 2021年8月10日,中天公司从银行提取现金5 000元备用,根据以上业务资料编制相应的记账凭证。

例3 2021年8月12日,中天公司购买办公用品300元,以现金支付,根据以上业务资料编制相应的记账凭证。

例4 2021年8月31日,中天公司在现金清查中发现现金溢余200元,经查有100元为多收胜利公司货款,其余100元无法查明原因,经批准转作营业外收入,根据以上业务资料编制相应的记账凭证。

例5 2021年9月1日,中天公司进行现金清查时发现现金盘亏300元。核查后,应由出纳人员赔偿200元,其余100元无法查明原因,根据以上业务资料编制相应的记账凭证。

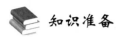 **知识准备**

要正确处理上述任务,必须熟悉现金管理的有关规定,掌握现金日常收付的核算和现金清查的核算。

一、现金管理的规定

现金是指存放在企业财务部门,由出纳员经管的货币。我国会计上所说的现金是指企业库存的现金,包括库存的人民币和外币。现金具有流动性大、收支频繁、普遍可接受等特点。

（一）现金的使用范围

根据我国《现金管理暂行条例实施细则》的规定,开户单位可在下列范围内使用现金:

① 职工工资、津贴。
② 个人劳务报酬。
③ 发给个人的科技、文化、艺术、体育等奖金。
④ 各种劳保福利费用。
⑤ 向个人收购农副产品和其他物资的价款。
⑥ 出差人员随身携带的差旅费。
⑦ 结算起点 1 000 元以下的零星支出。
⑧ 其他支出。

（二）现金管理的有关规定

① 不准擅自坐支(坐支是指企业从现金收入中支付现金的行为)。
② 不得白条抵库。
③ 不准出租、出借账户。
④ 不设小金库,不得公款私存。
⑤ 不得编造用途套取现金。

（三）库存现金限额的核定

现金的库存限额是指为了保证企业日常零星开支的需要,允许企业留存的最高限额。一般按 3～5 天的需用量核定,远离银行、交通不便的企业可适当放宽,但最高不超过 15 天的日常需用量。

二、现金收付业务的核算

为了总括地反映企业库存现金的收支和结存情况,企业一般应设置"库存现金"总分类账户进行核算。该账户属于资产类账户,借方登记现金的增加,贷方登记现金的减少,余额在借方,表示期末库存的现金。企业收入现金时,根据审核无误的原始凭证,借记"库存现金"账户,贷记有关账户;在允许的范围内支付现金时,应根据审核无误的原始凭证,借记有关账户,贷记"库存现金"账户。

三、现金清查的核算

为了保证现金的安全,应按规定对库存现金进行清查,一般采用实地盘点的方法。在进行现金清查时,为了明确经济责任,出纳员必须在场,现金盘点后应根据盘点的结果及与现金日记账核对的情况,填写"现金盘点报告表"。如果发现现金短缺或溢余,应通过"待处理财产损溢"账户(图1.1)进行核算。

待处理财产损溢(资产)

财产的盘亏数	财产的盘盈数
盘盈的转销数	盘亏的转销数
处理后无余额	

图1.1 "待处理财产损益"账户

1. 发生时:

① 如为现金短缺,借记"待处理财产损溢——待处理流动资产损溢"账户,贷记"库存现金"账户。

② 如为现金溢余,借记"库存现金"账户,贷记"待处理财产损溢——待处理流动资产损溢"账户。

2. 批准后:

① 如为现金短缺,属于应由责任人或保险公司赔偿的部分,借记"其他应收款"账户;无法查明原因的部分,借记"管理费用"账户,同时贷记"待处理财产损溢——待处理流动资产损溢"账户。

② 如为现金溢余,属于应支付给有关人员或单位的,记入"其他应付款"账户;无法查明原因的,批准后,转作"营业外收入"账户。

操作指南

掌握了库存现金的核算方法,针对"任务内容"部分的三个任务案例,作如下分析、处理。

例1 属于现金日常收付业务的核算,应作如下业务处理:

借:管理费用 800
　　库存现金 200
　贷:其他应收款——王强 1 000

例2 属于现金日常收付业务的核算,应作如下业务处理:

借:库存现金 5 000
　　贷:银行存款 5 000

例3 属于现金日常收付业务的核算,应作如下业务处理:

借:管理费用 300
　　贷:库存现金 300

例4 属于现金清查业务的核算,应作如下业务处理:

(1) 发生时:

借:库存现金 200
　　贷:待处理财产损溢——待处理流动资产损溢 200

(2) 批准后:

借:待处理财产损溢——待处理流动资产损溢 200
　　贷:其他应付款——胜利公司 100
　　　　营业外收入 100

例5 属于现金清查业务的核算,应作如下业务处理:

(1) 发生时:

借:待处理财产损溢——待处理流动资产损溢 300
　　贷:库存现金 300

(2) 批准后:

借:其他应收款——某某出纳员 200
　　管理费用 100
　　贷:待处理财产损溢——待处理流动资产损溢 300

技能训练

1. 根据现金盘点的原始凭证编制记账凭证,如表1.1所示。

表1.1 库存现金清查盘点表

2021年01月31日　　　　　　　　　　　　　　　　单位:元

账面金额	实际金额			清查结果		存在问题
	实存数	未入账单据	合计	盘盈	盘亏	
10 028.00	10 005.00	—	10 005.00		23.00	工作粗心,多付23.00元
清查人签字	瑜伽刚、李迎春、陈东					
单位负责人处理意见	盘亏23.00元系出纳员工作失误,决定由陈东赔偿。(章略)刘波 2021年01月31日			备注		

会计机构负责人:张华　　　　　　　　　　　　　　　制表人:瑜伽刚

特别说明:为增强业务票据的真实感,以利于学生学习实践,书中虚构了一些人名和单位,并模拟设计了一些个人、单位和政府机关的印章,仅作教学示意之用。

2. 根据现金盘点的原始凭证编制记账凭证,如表 1.2 所示。

表 1.2 库存现金清查盘点表

2021 年 01 月 31 日　　　　　　　　　　　　　　　　　　　　　　单位:元

账面金额	实际金额			清查结果		存在问题
	实存数	未入账单据	合计	盘盈	盘亏	
10 000.00	10 050.00	—	10 050.00	50.00		
清查人签字	瑜伽刚、李迎春、陈东					
单位负责人处理意见	盘盈 50.00 元原因无法查明,按有关财务制度处理。(章略)刘波　2021 年 01 月 31 日			备注		

会计机构负责人:张华　　　　　　　　　　　　　　　　制表人:瑜伽刚

3. 根据下列原始凭证(图 1.2～图 1.5)编制记账凭证。

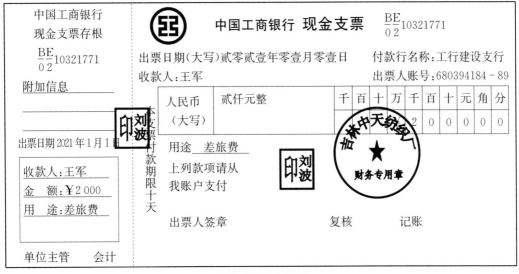

图 1.2 现金支票

借　款　单

2021 年 01 月 01 日

借款部门	销售科	职别	科员	出差人姓名		王军
借款事由	联系业务			出差地点		武汉
预借款金额人民币(大写):		贰仟元整				￥2000
部门负责人审批意见:同意		吴思	主管部门负责人审批意见:同意			于丹

收款人:王军

图 1.3 借款单

差 旅 费 报 销 单

2021 年 01 月 16 日

单据张数 6 张

姓名:王军　　　　部门:销售科　　　　出差事由:联系业务

起止日期				起止地点	火车费	市内车费	住宿费	途中伙食补助			住勤费		其他
月	日	月	日					标准	天数	金额	天数	金额	
1	1	1	9	长春—武汉	126.00	140.00	457.00	25.00	16	400.00		410.00	
1	10	1	16	武汉—长春	126.00								
	合	计			252.00	140.00	457.00	25.00	16	400.00	0	410.00	

人民币(大写)壹仟柒佰元整　　　　　　　　应退(补):叁佰元整

审核：　　　　　部门主管:吴思　　　　　　财务主管:于丹

图 1.4　差旅费报销单

收 款 收 据

2021 年 01 月 16 日　　　　　　　　　　　　　　　　编号:154798

交款人(单位)	王军						
摘　　要	报销差旅费	现金收讫					
金额(大写)	人民币叁佰元整	万	千	百	十	元	角	分
			¥	3	0	0	0	0

主管:李丹华　　　　　会计:王一霏　　　　　　出纳:王静静

图 1.5　收款收据

任务二　银行存款的核算

情境引入

企业绝大部分的钱必须按规定存放在银行,只留存限额内的现金以备日常经营活动所需,同时,银行也会行使相应的监管责任。那么,企业在银行可以开立哪些账户？能不能将公款以自己的名义私存？

学习目标

1. 熟悉银行存款管理制度,了解银行账户的分类和转账结算方式。
2. 掌握银行存款日常收付业务的核算和银行存款的核对方法,能编制银行存款余额调节表。

任务内容

例1 中天公司签发转账支票一张,支付前欠长运公司的购货款16 000元,根据以上业务资料编制相应的记账凭证。

例2 中天公司接到开户行通知,收到大合公司支付的货款50 000元,根据以上业务资料编制相应的记账凭证。

例3 2021年12月31日,中天公司银行存款日记账的余额为32 225元,银行对账单的余额为33 832元,经逐笔核对,查明有以下未达账项:

(1) 企业于月末送存银行的转账支票1 768元,银行尚未入账。
(2) 企业开出的转账支票478元,持票人尚未到银行办理转账手续。
(3) 向购货单位收取的销货款3 955元,银行已收妥入账,企业尚未收到银行收账通知。
(4) 电信局委托银行代收企业应付电话费1 083元,银行已从企业存款户中支付,但企业尚未收到银行的付款通知。

根据以上业务资料编制银行存款余额调节表。

知识准备

要正确处理上述任务,必须熟悉银行存款管理的有关规定、银行存款日常收付的核算方法和银行存款清查的方法。

一、银行账户的分类及银行存款管理的有关规定

(一)银行账户的分类

银行存款是企业存放在银行或其他金融机构的货币资金,《银行账户管理办法》将企事业单位的存款账户分为:基本存款账户、一般存款账户、临时存款账户和专用存款账户。

1. 基本存款账户,是企业日常办理转账结算和现金收付的账户,企业的工资、奖金等现金的支取,只能通过该账户办理。

2. 一般存款账户,是企业在基本存款账户以外的银行转存,与基本存款账户企业不在同一地点的附属非独立核算单位开立的账户,该账户可办理转账结算和现金缴存,但

不能办理现金支取。

3. 临时存款账户,是企业因临时经营活动而需要开立的账户,该账户可以办理转账结算,也可以根据国家现金管理的有关规定办理现金收付,期限最长不超过两年。

4. 专用存款账户,是企业因特定用途而需要开立的账户,如基本建设项目专项资金等。

(二) 银行存款管理的有关规定

1. 企业一般只能在一家银行的一个营业机构开立一个基本存款账户,不得在同一银行的几个分支机构开立一般存款账户。
2. 除留存范围内限额的现金,其余的都必须送存银行。
3. 不准签发空头支票和远期支票。
4. 不准出租、出借银行账户,钱、账分管。

二、银行结算方式

银行转账结算方式包括银行汇票、银行本票、支票、商业汇票、汇兑、委托收款、托收承付和信用卡等。各种结算方式的概念、适用范围及主要特点见表1.3。

表1.3 银行的各种结算方式

结算方式	概念	分类	适用范围	付款期限	特点
银行汇票	是出票银行签发的,由其在见票时按照实际结算金额无条件支付给收款人或者持票人的票据		同城、异地各种款项的结算	自出票日起一个月	一律记名,允许背书转让
银行本票	是申请人将款项交存银行,由银行签发给申请人凭以办理转账结算或支取现金的票据	定额本票(有1 000元、5 000元、10 000元和50 000元)、非定额本票	同城范围内各种款项的结算	自出票日起两个月	一律记名,允许背书转让
支票	是银行的存款人签发给收款人办理结算或委托开户银行将款项支付给收款人的票据	现金支票 转账支票	同城范围内各种款项的结算	自出票日起10日内	可背书转让,但用于支取现金的支票不得背书转让
商业汇票	是收款人或付款人签发、由承兑人承兑,并于到期日向收款人或持票人支付款项的票据	商业承兑汇票 银行承兑汇票	同城、异地真实的交易关系、真实的债权债务关系的结算	承兑期限由交易双方商定,最长不得超过6个月	一律记名,允许背书转让

续表

结算方式	概念	分类	适用范围	付款期限	特点
汇兑	是汇款人委托银行将款项汇给外地收款人的结算方式	信汇、电汇	异地各种款项的结算		
委托收款	是收款人委托银行向付款人收取款项的结算方式	邮寄、电报	同城、异地各种款项的结算		
托收承付	根据购销合同由收款人发货后,委托银行向异地付款人收取款项,由付款单位向银行承付款项的结算方式	邮寄、电报	异地各种款项的结算	验单付款的承付期3天,验货付款的承付期10天	每笔金额起点10 000元,新华书店系统每笔金额起点1 000元
信用卡	是商业银行向个人或单位发行的凭卡向特约单位购物、消费和向银行存取现金,且具有消费信用的特制载体卡片	金卡、普通卡、单位卡、个人卡	同城、异地各种款项的结算		信用卡允许透支,金卡最高不超过10 000元,普通卡最多不超过5 000元

二、银行存款收付业务的核算

为了总括地反映企业银行存款的收支和结存情况,企业一般应设置"银行存款"总分类账户进行核算。该账户属于资产类账户,借方登记银行存款的增加,贷方登记银行存款的减少,余额在借方,表示企业存放在银行或其他金融机构的款项。

企业应当设置银行存款总账和银行存款日记账,分别由总账会计进行银行存款的总分类核算,出纳进行银行存款的明细分类核算。

三、银行存款的清查

企业应定期将银行存款日记账的余额与银行对账单的余额进行核对,企业至少每月与银行核对一次。若两者不符,其原因有两个:一是记账错漏,二是出现未达账项。未达账项是指企业与银行之间由于凭证传递上的时间差,一方已登记入账,而另一方尚未入账的款项。未达账项产生的原因一般有以下四种:

(1) 企业已经收款入账,银行尚未收款入账的款项。
(2) 企业已经付款入账,银行尚未付款入账的款项。

(3) 银行已经收款入账,企业尚未收款入账的款项。
(4) 银行已经付款入账,企业尚未付款入账的款项。

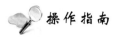小 贴 士

调节后的余额表明企业可动用的银行存款数,不能据此调整企业和银行的账面记录。

对记账错误造成双方记录不符的,应查明原因、进行更正,并编制正确的会计分录,对未达账项造成的双方记录不符之处,应逐笔核对,一般是通过编制"银行存款余额调节表"来调整。

操作指南

掌握了银行存款的核算方法,针对"任务内容"部分的三个任务案例,作如下分析、处理。

例 1 属于银行存款日常收付的核算,应作如下业务处理:

借:应付账款——长运公司   16 000
    贷:银行存款   16 000

例 2 属于银行存款日常收付的核算,应作如下业务处理:

借:银行存款   50 000
    贷:应收账款——大合公司   50 000

例 3 属于银行存款的核对,应编制银行存款余额调节表(表 1.4)。

表 1.4 银行存款余额调节表

单位:元

项 目	金 额	项 目	金 额
银行存款日记账余额	32 250	银行对账单余额	33 832
加:银行已收,企业未收	3 955	加:企业已收,银行未收	1 768
减:银行已付,企业未付	1 083	减:企业已付,银行未付	478
调节后余额	35 122	调节后余额	35 122

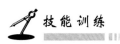技能训练

1. 根据原始凭证(图 1.6、图 1.7)编制记账凭证。

图1.6 转账支票

吉林省行政事业性收费专用票据

No 0285486

交款单位或个人	吉林中天纺织厂		收费许可证字号									备注
收费项目名称		收费标准	金 额									
			百	十	万	千	百	十	元	角	分	
环保费						3	6	0	0	0	0	
金　额(大写)叁仟陆佰零拾零元零角零分					￥	3	6	0	0	0	0	

收费单位(印章)　　　　　　　　　　　　　收款人(章)胡杰

图1.7 收费专用票据

2. 根据原始凭证(图1.8、图1.9)编制记账凭证。

中国工商银行
转账支票存根
BE/02 08867720
附加信息

出票日期 2021 年 01 月 29 日

收款人：长春市希望工程
金　额：￥1 500
用　途：捐款

单位主管　　会计

中国工商银行 转账支票　BE/02 08867720

出票日期(大写)贰零贰壹年零壹月贰拾玖日　付款行名称：工行建设支行
收款人：希望工程　出票人账号：680394184－89

本支票付款期限十天

人民币(大写)	壹万伍仟元整	千	百	十	万	千	百	十	元	角	分
				￥	1	5	0	0	0	0	0

用途　捐款
上列款项请从
我账户支付

出票人签章　印 刘波　　复核　　记账

吉林中天纺织厂 财务专用章

图 1.8　转账支票

吉林省公益事业捐赠票据

2021 年 01 月 29 日

捐赠者	吉林中天纺织厂		货币种类		人民币
捐赠项目	希望工程				
项目	单位	规格	数量	单价	金额
合计					￥15 000.00
人民币(大写)	壹万伍仟元整　￥：15 000				

第二联：收据

长春市希望工程 收费专用章

制单：　　收款人：舒心　　记账：　　复核：　　单位(盖章)

图 1.9　捐赠票据

3. 根据以下业务资料编制银行存款余额调节表。

2021 年 11 月 30 日中天公司银行存款日记账的余额 128 500 元，银行对账单上的余额 137 800 元，经逐笔核对，查明有以下未达账项：

(1) 该企业送存转账支票 21 600 元，银行没有入账。

(2) 企业开出转账支票 8 400 元，持票人尚未到银行办理转账手续，银行没有入账。

(3) 银行代企业收到大华公司款项 37 000 元，银行已收妥入账，而企业尚未收到收账通知。

(4) 银行代企业支付水电费 14 500 元，已从企业存款户划出，但付款通知未送达企业，企业没有入账。

任务三 其他货币资金的核算

 情境引入

5月10日红星公司采购员王军到鞍山钢铁公司采购一批钢材,业务谈妥后,收到鞍山钢铁公司开具的增值税专用发票,其中价款2 000 000元,增值税260 000元,一并交付银行汇票和解讫通知联,材料尚未验收入库;5月11日收到银行转来的10 000元银行汇票多余款的收账通知,红星公司应怎样进行账务处理?

 学习目标

掌握其他货币资金的核算内容及核算方法。

 任务内容

例1 中天公司2月份委托银行将7 000元汇往外地开立采购专户,中天公司收到采购员交来供应单位发票账单等报销凭证,注明采购材料价款5 000元,增值税650元,采购工作结束,将多余的外埠存款1 350元转回当地银行,根据以上业务资料编制相应的记账凭证。

例2 中天公司3月份委托银行办理12 000元银行汇票,企业填送"银行汇票申请书",并将款项交存银行,取得银行汇票。根据收到的发票账单,其中材料价款10 000元,税款1 300元,多余款700元已转回开户行,根据以上业务资料编制相应的记账凭证。

知识准备

要处理上述两个任务,必须熟悉其他货币资金的核算内容和核算方法。

一、其他货币资金的核算内容

企业的经营资金中,有些货币资金的存款地点和用途与库存现金和银行存款不同,我们把这些除库存现金和银行存款以外的货币资金称为其他货币资金。其他货币资金主要包括的内容如图1.10所示。

其他货币资金 ⎧ 外埠存款 → 到外地临时采购开立的采购专户
　　　　　　 ⎪ 银行汇票存款 → 为取得银行汇票存入银行的款项
　　　　　　 ⎨ 银行本票存款 → 为取得银行本票存入银行的款项
　　　　　　 ⎪ 信用卡存款 → 为取得银行信用卡存入银行的款项
　　　　　　 ⎪ 存出投资款 → 已存入证券公司但尚未进行短期投资的款项
　　　　　　 ⎩ 信用证保证金 → 为取得信用证而支付的保证金

图 1.10　其他货币资金

二、其他货币资金的账务处理

企业其他货币资金的收支和结算情况，应设置"其他货币资金"账户进行核算。该账户的借方登记其他货币资金的增加数，贷方登记其他资金的减少数，期末余额在借方，反映企业持有的其他货币资金。该账户按其他货币资金的种类设置明细账进行明细核算。

（一）外埠存款的账务处理

企业到外地采购物资，如果供应单位分散，采购次数零星，时间较长，可将资金汇往采购地银行开立采购专户进行结算。采购完毕，外地银行应将多余存款退回企业开户银行。

1. 汇出款项开立采购专户时：
借：其他货币资金——外埠存款
　　贷：银行存款
2. 收到所购入材料时：
借：原材料
　　应交税费——应交增值税（进项税额）
　　贷：其他货币资金——外埠存款
3. 收到退回的余额时：
借：银行存款
　　贷：其他货币资金——外埠存款

（二）银行汇票存款和银行本票存款的账务处理

企业申请签发的银行汇票和银行本票，应从存款户中予以划转，借记"其他货币资金——银行汇票存款（或银行本票存款）"账户，贷记"银行存款"账户。企业使用银行汇票或银行本票办理款项结算时，应根据票据结账联和有关账单，借记有关账户，贷记"其他货币资金——银行汇票存款（或银行本票存款）"账户。

1. 申请取得银行汇票时：
借：其他货币资金——银行汇票存款
　　贷：银行存款

2. 企业持银行汇票购入不需要安装设备一台时:
借:固定资产
　　应交税费——应交增值税(进项税额)
　　贷:其他货币资金——银行汇票存款
3. 余款转回
借:银行存款
　　贷:其他货币资金——银行汇票存款

(三)信用卡存款的账务处理

企业按规定填制信用卡申请表,并从结算存款户划款取得信用卡时,借记"其他货币资金——信用卡存款"账户,贷记"银行存款"账户。企业持卡购货或支付有关费用时,借记有关账户,贷记"其他货币资金——信用卡存款"账户。

1. 申请取得信用卡时:
借:其他货币资金——信用卡存款
　　贷:银行存款
2. 购买办公用品,持信用卡结算款项时:
借:管理费用
　　贷:其他货币资金——信用卡存款

(四)存出投资款的账务处理

企业从存款户划款至证券公司准备用于投资时,借记"其他货币资金——存出投资款"账户,贷记"银行存款"账户。企业用存入证券公司专款购买股票、债券等进行投资时,借记"交易性金融资产"、"持有至到期投资"等账户,贷记"其他货币资金——存出投资款"账户。

1. 从存款户划款至证券公司时:
借:其他货币资金——存出投资款(金通证券公司)
　　贷:银行存款
2. 公司用存入证券公司的款项购入股票,准备随时用于出售时:
借:交易性金融资产——股票投资
　　贷:其他货币资金——存出投资款

 操作指南

掌握了其他货币资金的核算方法,针对"任务内容"部分的两个任务案例,作如下分析、处理。

例1 属于外埠存款的核算,应作如下业务处理:
借:其他货币资金——外埠存款　　　　　　　　　　　　　　　7 000
　　贷:银行存款　　　　　　　　　　　　　　　　　　　　　　　　7 000

借：在途物资 5 000
　　应交税费——应交增值税（进项税额） 650
　　　贷：其他货币资金——外埠存款 5 650
借：银行存款 1 350
　　　贷：其他货币资金——外埠存款 1 350

例2 属于银行汇票存款的核算，应作如下业务处理：

借：其他货币资金——银行汇票存款 12 000
　　　贷：银行存款 12 000
借：在途物资 10 000
　　应交税费——应交增值税（进项税额） 1 300
　　　贷：其他货币资金——银行汇票存款 11 300
借：银行存款 700
　　　贷：其他货币资金——银行汇票存款 700

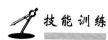

根据原始凭证编制记账凭证。

中天公司4月份填制信用卡申请表，连同5 000元转账支票和有关资料一并交发卡银行，申请单位信用卡。取得信用卡后，用信用卡购买办公用品1 000元。根据以上业务资料编制相应的记账凭证。

项目二 存货的核算

任务一 实际成本计价材料的核算

 情境引入

2021年3月5日,东方公司向长虹公司采购一批B材料,增值税专用发票上记载的货款2 000 000元,增值税340 000元,长虹公司代垫运杂费2 000元、保险费1 000元,全部款项用转账支票支付,B材料已验收入库。请问东方公司采购这批原材料的实际成本是多少?

 学习目标

1. 理解存货的概念、内容和计量。
2. 掌握材料按实际成本计价的核算。

 任务内容

例1 中天公司从外地购入一批材料,价款100 000元,增值税13 000元,运杂费400元,全部款项用银行存款支付,材料验收入库,根据以上业务资料编制相应的记账凭证。

例2 中天公司从胜利公司购入一批材料,价款20 000元,增值税2 600元,全部款项用银行存款支付,材料尚未到达,根据以上业务资料编制相应的记账凭证。

例3 中天公司从胜利公司购入一批材料,价款20 000元,增值税2 600,材料验收入库,由于企业银行存款不足,货款暂未支付,根据以上业务资料编制相应的记账凭证。

例4 中天公司从外地购入10 000千克材料,每千克2元,价税款通过银行支付,材料尚未到达;入库时发现短缺100千克,属于运输单位丢失,根据以上业务资料编制相应的记账凭证。

 知识准备

要正确处理上述任务,必须掌握存货的有关概念及材料按实际成本计价的核算方法。

一、存货的概念、内容

存货是指企业在日常生产经营过程中持有的以备出售或者仍然处在生产过程中或者在生产提供劳务过程中消耗的材料和物料等,包括各种原材料、在产品、半成品、产成品、周转材料和委托加工物资等。

二、存货的确认与计量

(一)存货的确认条件

1. 与该存货有关的经济利益很可能流入企业。
2. 该存货的成本能够可靠的计量。

(二)存货的计量

1. 存货的初始计量:主要是确定取得存货的实际成本。
(1) 外购存货:其实际成本包括买价、运杂费、运输途中的合理损耗、入库前的整理挑选费用、税金和其他费用。
(2) 自制存货:其实际成本包括制造过程中的一切支出。
(3) 委托加工存货:其实际成本包括发出存货的成本、加工费和往返运杂费。
(4) 投资者投入的存货:按双方确认的价值。
(5) 接受捐赠的存货:捐赠方提供了有关凭据的,按凭据上标明的金额加上应支付的相关税费;捐赠方没有提供有关凭据的,若同类或类似存货存在活跃市场的,按市价加上相关税费;若同类或类似存货不存在活跃市场的,按预计未来现金流量现值作为其实际成本。
2. 存货的后续计量:主要是确定发出存货的实际成本及期末存货的实际成本。由于企业每次购入存货的实际成本可能不等,因而对存货发出时必须按照一定的方法确定发出存货的实际成本。主要有以下三种方法。
(1) 先进先出法。
假定先购入的存货最先发出,在这种方法下,每次购入存货时,应按时间的先后顺序逐笔登记其数量、单价和金额,每次发出存货时,按照先购入存货的单价计算发出存货的实际成本。举例如表2.1所示。

表 2.1 "先进先出法"举例

2021年		摘要	收入			发出			结存		
月	日		数量	单价	金额	数量	单价	金额	数量	单价	金额
12	1	期初结存							300	15	4 500
	5	购入	200	16	3 200				300 200	15 16	4 500 3 200
	10	发出				300 100	15 16	4 500 1 600	100	16	1 600
	15	购入	300	17	5 100				100 300	16 17	1 600 5 100
	25	发出				100 100	16 17	1 600 1 700	200	17	3 400
	31	期末结存	500		8 300	600		9 400	200	17	3 400

本期发出存货＝4 500＋1 600＋1 600＋1 700＝9 400(元)

期末存货成本＝3 400(元)

这种方法使期末存货成本比较接近市价,能及时准确地反映存货的资金占用情况,但当物价变动幅度大时,发出存货成本低、收入高,影响利润的准确性。

(2)加权平均法。

这种方法是根据本期期初结存存货的数量和金额与本期收入存货的数量和金额,在期末一次计算本期存货的加权平均单价,从而确定本期发出存货的实际成本和期末结存存货成本。举例如表2.2所示。

$$加权平均单价＝\frac{期初结存存货成本＋本期收入存货成本}{期初结存存货数量＋本期收入存货数量}$$

本期发出存货的实际成本＝本期发出存货数量×加权平均单价

期末结存存货成本＝期末结存存货数量×加权平均单价

表 2.2 "加权平均法"举例

2021年		摘要	收入			发出			结存		
月	日		数量	单价	金额	数量	单价	金额	数量	单价	金额
12	1	期初结存							300	15	4 500
	5	购入	200	16	3 200				500		
	10	发出				400			100		

续表

2021年		摘要	收入			发出			结存		
月	日		数量	单价	金额	数量	单价	金额	数量	单价	金额
	15	购入	300	17	5 100				400		
	25	发出				200			200		
	31	期末结存	500		8 300	600	16	9 600	200	16	3 200

本月加权平均单价＝(4 500＋8 300)÷(300＋200＋300)＝16(元)

本月发出存货的实际成本＝600×16＝9 600(元)

期末存货的实际成本＝200×16＝3 200(元)

或　＝4 500＋8 300－9 600＝3 200(元)

这种方法核算工作量小，但发出存货成本只能在月末计算出来，平时只知道库存数量，无法随时了解存货资金的占用情况。

(3) 个别计价法。

这种方法是以每批存货的实际单位成本作为该批存货发出的单价来计算发出存货的成本。这种方法一般适用于能够明显区分的大件贵重商品，以及分批次计算发出存货成本的单位。举例如表2.3所示。

表2.3 "个别计价法"举例

2021年		摘要	收入			发出			结存		
月	日		数量	单价	金额	数量	单价	金额	数量	单价	金额
12	1	期初结存							300	15	4 500
	5	购入	200	16	3 200				300 200	15 16	4 500 3 200
	10	发出				300 100	15 16	4 500 1 600	100	16	1 600
	15	购入	300	17	5 100				100 300	16 17	1 600 5 100
	25	发出				200	17	3 400	100 100	16 17	1 600 1 700
	31	期末结存	500		8 300	600		9 500	100 100	16 17	1 600 1 700

本月发出存货总成本＝300×15＋100×16＋200×17＝9 500(元)

本月结存存货总成本＝100×16＋100×17＝3 300(元)

个别计价法的成本计算准确，但在存货收发频繁的情况下，其发出成本分辨的工作量大。在实际工作中，对实行信息化的企业可广泛采用。

三、存货按实际成本计价的核算

（一）设置的账户

设置的账户如图 2.1、图 2.2 所示。

原材料（资产）

入库材料的实际成本	发出材料的实际成本
企业库存材料的实际成本	

图 2.1 "原材料"账户

在途物资（资产）

购入在途物资的实际成本	验收入库的在途物资的实际成本
企业在途物资的实际采购成本	

图 2.2 "在途物资"账户

（二）外购材料的核算

1. 货款付清，同时收料。

企业应根据发票账单和收料单等确定的材料实际成本，借记"原材料"账户；根据取得的增值税专用发票上注明的税额，借记"应交税费——应交增值税（进项税额）"账户，根据实际付款金额贷记"银行存款"、"其他货币资金"等账户，或根据已开出商业汇票的票面价值，贷记"应付票据"账户。

借：原材料
　　应交税费——应交增值税（进项税额）
　　贷：银行存款（应付票据等）

2. 付款在前，收料在后。

发生时，企业应根据有关凭证中记载的已付款材料的价值借记"在途物资"账户，根据已付款材料的增值税额借记"应交税费——应交增值税（进项税额）"账户，根据实际付款金额贷记"银行存款"、"其他货币资金"等账户。

（1）发生时：
借：在途物资
　　应交税费——应交增值税（进项税额）
　　贷：银行存款（其他货币资金）

（2）入库后：
借：原材料
　　贷：在途物资

3. 收料在前，付款在后。

这类业务具体应分为两种情况处理：

(1) 第一种情况：材料已验收入库，发票账单也已到达，由于企业银行存款不足而暂未付款，企业应在收到材料和发票账单时进行账务处理。

借：原材料
　　应交税费——应交增值税（进项税额）
　　贷：应付账款

(2) 第二种情况：材料验收入库时，因为发票账单未到，所以未付款。为了简化核算手续，在月份内发生的，可以暂不进行总分类核算，只将收到的材料登记明细账，待收到发票账单时，再进行总分类核算。月末，对于那些结算凭证和发票账单尚未到达入库的材料，可以按合同价暂估入账。

借：原材料
　　贷：应付账款——暂估应付账款

下月初用红字冲销原金额，收到发票账单再按实际成本入账。

4. 短缺和毁损的处理：

(1) 在货款未付的情况下，短缺部分拒付，按实际支付的金额：

借：原材料
　　应交税费——应交增值税（进项税额）
　　贷：银行存款

(2) 在货款已付并已计入在途物资的情况下，应根据造成短缺和毁损的原因，分别进行处理：

① 途中合理损耗，计入材料采购成本。

② 应由供应单位、运输单位、保险公司或其他过失人负责的赔偿，应向有关单位或责任人索赔，从"在途物资"账户转入"应付账款"或"其他应收款"账户。

③ 属于自然灾害造成的损失，应按扣除残料价值和保险公司赔偿后的净损失，计入"营业外支出——非常损失"账户；属于无法收回的其他损失，报经批准后，计入"管理费用"账户。

a. 实收数入库：

借：原材料
　　贷：在途物资

b. 遭受意外灾害和尚待查明原因的途中损耗：

借：待处理财产损溢——待处理流动资产损溢
　　贷：在途物资
　　　　应交税费——增值税（进项税额转出）

c. 查明原因后：

借：其他应收款
　　营业外支出
　　管理费用
　　应付账款
　　贷：待处理财产损溢——待处理流动资产损溢

（三）自制材料入库的核算

企业生产车间自制材料完工验收入库时，应填制材料交库单，并按实际成本核算。

借：原材料
　　贷：生产成本

（四）原材料发出的核算

发出材料应根据不同用途借记有关账户，贷记原材料账户。主要包括：生产产品领用的材料应计入"生产成本——基本生产成本"账户；用于辅助生产的材料应计入"生产成本——辅助生产成本"账户；车间管理及一般消耗领用的材料应计入"制造费用"账户；厂部管理部门耗用的材料应计入"管理费用"账户；专设销售机构领用的材料应计入"销售费用"账户。

借：生产成本——基本生产成本
　　　　　　——辅助生产成本
　　制造费用
　　管理费用
　　销售费用
　　贷：原材料

☆ 企业购入材料用于生活福利的，属于购进材料改变用途，应将进项税额转出。

借：应付职工薪酬
　　贷：原材料
　　　　应交税费——增值税（进项税额转出）

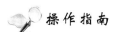操作指南

掌握了实际成本计价材料的核算方法，针对"任务内容"部分的四个任务，作如下分析、处理。

例1 属于货款付清，同时收料，应作如下业务处理：

借：原材料	100 400
应交税费——增值税（进项税额）	13 000
贷：银行存款	113 400

例2 属于付款在前，收料在后，应作如下业务处理：

借：在途物资	20 000
应交税费——增值税（进项税额）	2 600
贷：银行存款	22 600

上述材料实际验收入库时：

借：原材料	20 000
贷：在途物资	20 000

例3 属于收料在前,付款在后,应作如下业务处理:

借:原材料 20 000
　　应交税费——增值税(进项税额) 2 600
　　贷:应付账款 22 600

例4 属于按实际成本计价短缺的处理,应作如下业务处理:

借:在途物资 20 000
　　应交税费——增值税(进项税额) 3 400
　　贷:银行存款 23 400

实收数入库:

借:原材料 19 800
　　贷:在途物资 19 800

短缺部分:

借:其他应收款 226
　　贷:在途物资 200
　　　　应交税费——增值税(进项税额转出) 26

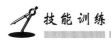

技能训练

1. 根据原始凭证(图 2.3～图 2.6)编制记账凭证。

图 2.3 增值税专用发票第二联

图 2.4 增值税专用发票第三联

图 2.5 转账支票

原材料入库单

供应单位：
发票号码：

2021年01月16日

编　号：552002
材料类别：辅助材料

材料编号	名　称	规格	计量单位	数量 应收	数量 实收	实际成本 买价 单价	实际成本 买价 金额	实际成本 运杂费	实际成本 其他	实际成本 合计
	包装材料		件	2	2	2 000	4 000			4 000

第二联　记账

收料人：张晓　　供应部门负责人：王康　　保管：赵明　　经手人：王玲

图 2.6　原材料入库单

2. 根据原始凭证（图 2.7～图 2.9）编制记账凭证。

辽宁增值税专用发票

抵扣联　　　　　　　　　　　开票日期：2021年01月23日

购货单位	名　　称：吉林中天纺织厂 纳税人识别号：410501689740506 地址、电话：建设街290号 开户行及账号：工行建设支行 680394184-89	密码区	47⟨＋6＋14∥295∕81-283∕ 　　　　　　　　　　加密版本：01 ＊⟨81＊＋0736788∕⟩06059⟩ 　　　　　　　　　　4100054170 907⟨813266＊26⟨6＋61-⟩＋ 　　　　　　　　　　00792147 3⟨1⟩＊-⟨9＋5∕6⟩1⟩3∕⟩⟩29

货物或应税劳务名称	规格型号	单位	数量	单价	金额	税率	税额
涤棉纱		吨	50	2 950	147 500	13％	19 175
合　计					147 500		19 175

价税合计（大写）	壹拾陆万陆仟陆佰柒拾伍元整	（小写）￥166 675

销货单位	名　　称：辽宁鞍山棉纺织厂 纳税人识别号：201586793847688 地址、电话：鞍山市上海路 79628471 开户行及账号：工行朝阳支行 680561793-65	备注	

第二联：抵扣联　购货方记账凭证

收款人：×××　　复核：×××　　开票人：陈新　　销货单位：（章）

图 2.7　增值税专用发票第二联

辽宁增值税专用发票

开票日期:2021年01月23日

购货单位	名　　　称:吉林中天纺织厂 纳税人识别号:410501689740506 地　址、电话:建设街290号 开户行及账号:工行建设支行 680394184-89	密码区	47⟨+6+14//295/81-283/　　加密版本:01 *⟨81*+0736788/⟩06059⟩ 　　　　　　　　　4100054170 907⟨813266*26⟨6+61-⟩+ 　　　　　　　　　00792147 3⟨1⟩*-⟨9+5/6⟩1⟩3/⟩⟩29
货物或应税劳务名称	规格型号	单位	数量	单价	金额	税率	税额

货物或应税劳务名称	规格型号	单位	数量	单价	金额	税率	税额
涤棉纱		吨	50	2 950	147 500	13%	19 175
合　　计					147 500		19 175

价税合计(大写)	壹拾陆万陆仟陆佰柒拾伍元整	(小写)¥166 675

销货单位	名　　　称:辽宁鞍山棉纺织厂 纳税人识别号:201586793847688 地　址、电话:鞍山市上海路79628471 开户行及账号:工行朝阳支行 680561793-65	备注	(辽宁省鞍山棉纺织厂 发票专用章 号:41050238989896)

收款人:×××　　复核:×××　　开票人:陈新　　销货单位:(章)

图 2.8　增值税专用发票第三联

公路、内河货物运输业统一发票

开票日期:2021年01月23日　　　　　　　　　　发票代码 20195521407
　　　　　　　　　　　　　　　　　　　　　　　发票号码 678469753

机打代码	023706875337	税控区	⟩6+⟩1⟨84453⟩20/463+/92/// *481-8390+9636-6+81-565⟩310+/-28⟩63 56496928/-11469/78/6⟩⟩06/23-3 ⟨84483⟩20/463⟨88443⟩20/4639/79/5
机打号码	09970578		
机器编号	210168836100		

收货人及纳税人识别号	吉林中天纺织厂 410501689740506	承运人及纳税人识别号	辽宁省远洋运输公司 201651765089432
发货人及纳税人识别号	辽宁鞍山棉纺织厂 201586793847688	主管税务机关及代码	鞍山市地方税务局朝阳分局 20130097

运输项目及金额	货物名称	数量	运价	里程	金额	其他项目及金额	项目	金额	备注 起运地:鞍山 到达地:长春 运输类型:汽运
	涤棉纱	50吨			8 000元		运杂费		
运费小计	¥8 000					其他费用小计			
合计(大写)	壹万元整					(小写)¥10 000			

承运人盖章　　　　　　　　　　　　　　　　　　开票人:丁力

图 2.9　公路、内河货物运输业统一发票

3. 根据原始凭证(表 2.4)编制记账凭证。

表 2.4 材料交库单(记账联)

交料部门:辅助生产车间   编号:
交料原因:自制完成   2021 年 01 月 25 日   收料仓库:2 号仓库

材料编号	材料名称及规格	计量单位	数量 交库	数量 实收	单位成本	金额	备注
001	染料(红色)	千克	2 500	2 500	25.00	62 500.00	自制材料
002	染料(绿色)	千克	2 000	2 000	20.00	40 000.00	自制材料
003	染料(蓝色)	千克	3 000	3 000	22.00	66 000.00	自制材料

记账:刘青   交料人:黄慧   收料:杨斌   制单:刘毅

4. 根据原始凭证(表 2.5、表 2.6)编制记账凭证。

表 2.5 领料单

领料部门:生产车间—咔叽布   2021 年 03 月 05 日   编号:N000125

材料名称及规格	单位	数量	单价	金额	备注
细绒棉	千克	6 500	10.00	65 000	
涤棉纱	千克	7 000	2.95	20 650	
合计	千克			85 650	

表 2.6 领料单

领料部门:生产车间—休闲布   2021 年 03 月 05 日   编号:N000126

材料名称及规格	单位	数量	单价	金额	备注
再生棉纱	千克	5 000	4.50	22 500	
涤棉纱	千克	6 000	2.95	17 700	
合计	千克			40 200	

5. 中天公司向长江公司购入材料 900 千克,每千克 20 元,价税款通过银行支付,材料尚未到达,入库时发现短缺 100 千克,短缺原因未查明;后查明原因,系运输不当,应向运输单位索赔,请您根据所发生的业务,作出相应的账务处理。

任务二 计划成本计价材料的核算

情境引入

材料按实际成本计价的核算比较简单,但是,李丽所在的这家公司为了控制材料的采购成本,预先制定了材料的计划成本,所以这家公司采用计划成本法进行材料的核算。

学习目标

1. 熟悉计划成本法核算材料所设置的账户。
2. 理解材料成本差异、材料成本差异率的概念,掌握材料成本差异率的计算。
3. 掌握材料按计划成本计价的核算。

任务内容

例1 中天公司从外地购入一批材料,价款100 000元,增值税13 000元,运杂费400元,全部款项用银行存款支付,该批材料的计划成本101 000元,根据以上业务资料编制相应的记账凭证。

例2 中天公司从胜利公司购入一批材料,价款20 000元,增值税2 600,全部款项用银行存款支付,材料尚未到达;3天后,该批材料到达验收入库,计划成本19 800元,根据以上业务资料编制相应的记账凭证。

例3 中天公司从胜利公司购入一批材料,价款20 000元,增值税2 600,材料验收入库,由于企业银行存款不足,货款暂未支付,该批材料计划成本20 500元,根据以上业务资料编制相应的记账凭证。

例4 中天公司从外地购入10 000千克材料,每千克2元,货款通过银行支付,材料尚未到达;入库时发现短缺100千克,属于运输单位丢失,该批材料计划单价每千克2.1元,根据以上业务资料编制相应的记账凭证。

例5 中天公司根据本月发料凭证汇总表,发出材料的计划成本50 000元,其中用于甲产品生产44 000元,车间零星消耗5 000元,管理部门耗用1 000元,本月材料成本差异率3‰,作为发出材料的处理,同时结转发出材料应负担的成本差异。

例6 中天公司月初结存材料的计划成本25 000元,本月收入材料的计划成本75 000元,月初结存材料的成本差异为超支差异500元,本月收入材料的成本差异为节约差异2 500元,计算本月材料成本差异率。

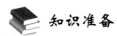

知识准备

要正确处理上述任务,必须掌握材料成本差异和材料成本差异率的概念,掌握材料按计划成本计价的核算方法。

材料按计划成本核算的特点是:所有材料收发凭证按预先确定计划成本计价,总账及明细分类账按计划成本登记;材料的实际成本与计划成本的差异,通过"材料成本差异"账户核算,月末,通过分配材料成本差异,将发出材料的计划成本调整为实际成本。

一、计划成本计价核算材料所设置的账户

1. "原材料"账户(图 2.10)核算企业采用计划成本核算时企业库存材料的计划成本。

原材料(资产)	
入库材料的计划成本	发出材料的计划成本
企业库存材料的计划成本	

图 2.10 "原材料"账户

2. "材料采购"账户(图 2.11)核算企业计划成本法进行材料日常核算而购入材料的实际采购成本。

材料采购(资产)	
采购材料的实际成本	采购材料的计划成本
结转购入材料的节约差异	结转购入材料的超支差异
企业在途材料的采购成本	

图 2.11 "材料采购"账户

3. "材料成本差异"账户(图 2.12)是"原材料"账户的调整账户,核算企业采用计划成本进行日常核算,材料计划成本与实际成本的差额,按材料或商品的类别或品种进行明细核算。

材料成本差异(资产)	
入库材料超支差异	入库材料节约差异
发出材料应负担的节约差异	发出材料应负担的超支差异
库存材料的超支差异	库存材料的节约差异

图 2.12 "材料成本差异"账户

二、原材料按计划成本计价的核算

（一）外购材料的核算

1. 货款付清，同时收料。

企业购入材料支付价税款时，先借记"材料采购"、"应交税费——应交增值税（进项税额）"账户，贷记"银行存款"等账户；然后根据验收入库材料的计划成本，借记"原材料"账户，贷记"材料采购"账户，同时结转入库材料实际成本与计划成本的差异。如为实际成本大于计划成本的超支差异，借记"材料成本差异"账户，贷记"材料采购"账户；如为实际成本小于计划成本的节约差异，借记"材料采购"账户，贷记"材料成本差异"账户。

（1）按实际成本反映价款：

借：材料采购
  应交税费——应交增值税（进项税额）
  贷：银行存款

（2）计划成本入库：

借：原材料
  贷：材料采购

（3）结转差异：

① 若超支：

借：材料成本差异
  贷：材料采购

② 节约：

借：材料采购
  贷：材料成本差异

2. 付款在前，收料在后。

在这种情况下，企业购入材料支付价税款，应借记"材料采购"、"应交税费——应交增值税（进项税额）"账户，贷记"银行存款"等账户。待以后材料验收入库时，再做按计划成本验收入库及结转材料成本差异的账务处理，若到月末材料仍未验收入库，表现为在途材料的实际成本。

（1）按实际成本反映价款：

借：材料采购
  应交税费——应交增值税（进项税额）
  贷：银行存款

（2）收料后，再按计划成本入库：

借：原材料
  贷：材料采购

（3）同时结转差异：

① 若超支：

借：材料成本差异
　　贷：材料采购

② 节约：

借：材料采购
　　贷：材料成本差异

3. 收料在前，付款在后。

这类业务包括以下两种情况。

（1）第一种情况：发票账单已到，材料验收入库，由于企业银行存款不足，尚未支付价款形成企业的负债。

① 按实际成本反映价款：

借：材料采购
　　应交税费——应交增值税（进项税额）
　　贷：应付账款

② 计划成本入库：

借：原材料
　　贷：材料采购

③ 结转差异：

若超支：

借：材料成本差异
　　贷：材料采购

节约：

借：材料采购
　　贷：材料成本差异

（2）第二种情况：购入材料验收入库，发票账单未到，因而尚未支付价款，对于发票账单尚未收到，月份内暂不进行总分类核算，待收到发票账单时，再根据情况进行账务处理；至月末仍未收到发票账单，月末按计划成本估价入账。

① 按计划成本暂估入账：

借：原材料
　　贷：应付账款——暂估应付账款

② 下月初，用红字冲销原金额，收到发票账单后，再按正常程序处理。

4. 短缺和毁损的处理。

这类业务包括以下两种情况。

（1）在货款未付的情况下，按实收数支付价款、计划成本入库同时结转差异。

（2）在货款已付的情况下，入库后发现的短缺和毁损，其账务处理与实际成本基本相同。对于运输途中的合理损耗，应计入材料的实际采购成本；对于应由外部运输机构、供应单位或有关责任人负责赔偿的短缺和毁损,应按照材料的实际成本及负担的增值税,借记"应付账款"、"其他应收款"等账户,贷记"材料采购"、"应交税费——增值税(进项税额转出)"账户;尚待查明原因的短缺和毁损,先计入"待处理财产损溢"账户,查明原因后再做处理。

① 实收数按计划成本入库:
借:原材料
　　贷:材料采购
同时结转差异。

② 短缺属于供货单位少发或铁路运输部门造成:
借:其他应收款/应付账款
　　贷:材料采购
　　　　应交税费——应交增值税(进项税额转出)

③ 短缺属于遭受意外灾害的损失和尚待查明原因的途中损耗:
借:待处理财产损溢——待处理流动资产损溢
　　贷:材料采购
　　　　应交税费——应交增值税(进项税额转出)

④ 查明原因后:
借:其他应收款(应付账款、管理费用、营业外支出)
　　贷:待处理财产损溢——待处理流动资产损溢

(二) 自制材料和废料的入库处理

企业收到自制材料和废料,应按计划成本借记"原材料"账户,按其实际成本贷记"生产成本"账户,同时结转材料成本差异,借记或贷记"材料成本差异"账户。

借:原材料
　　贷:生产成本
同时结转差异。
若超支:
借:材料成本差异
　　贷:生产成本
节约:
借:生产成本
　　贷:材料成本差异

(三) 材料发出的核算

按计划成本核算发出材料,应于月末编制发料凭证汇总表结转发出材料的计划成本,同时结转差异。发出材料的成本差异,是根据发出材料的计划成本和材料成本差异率计算确定的,分配的去向与材料计划成本的去向一致,如为节约差异,应借记"材料成本差异"账户,如为超支差异,应贷记"材料成本差异"账户。

$$材料成本差异率 = \frac{月初结存材料的成本差异 + 本月收入材料的成本差异}{月初结存材料的计划成本 + 本月收入材料的计划成本} \times 100\%$$

发出材料应负担的成本差异 = 发出材料的计划成本 × 材料成本差异率

发出材料的实际成本 = 发出材料的计划成本 ± 材料成本差异

发出材料时:
借:生产成本
　　制造费用
　　管理费用
　　销售费用
　　贷:原材料

同时结转差异。

若超支:
借:生产成本
　　制造费用
　　管理费用
　　销售费用
　　贷:材料成本差异

节约:
借:材料成本差异
　　贷:生产成本
　　　　制造费用
　　　　管理费用
　　　　销售费用

还有一种做法,结转发出材料的成本差异,一般都计入"材料成本差异"账户的贷方,节约差异金额用红字登记,超支用蓝字登记。

 操作指南

掌握了计划成本计价材料的核算方法,针对"任务内容"部分的四个案例,作如下分析、处理。

例1 属于货款付清同时收料类型业务,应作如下业务处理:

(1) 按实际成本反映价款:

借:材料采购　　　　　　　　　　　　　　　　　　100 400
　　应交税费——应交增值税(进项税额)　　　　　　 13 000
　　贷:银行存款　　　　　　　　　　　　　　　　　　　　113 400

(2) 计划成本入库:

借:原材料　　　　　　　　　　　　　　　　　　　101 000

　　　　贷：材料采购　　　　　　　　　　　　　　　　　　　　　　　　　　101 000
（3）结转差异：
　　借：材料采购　　　　　　　　　　　　　　　　　　　　　　　　　　　　600
　　　　贷：材料成本差异　　　　　　　　　　　　　　　　　　　　　　　　　600

例 2　属于付款在前，收料在后类型业务，应作如下业务处理：
　　借：材料采购　　　　　　　　　　　　　　　　　　　　　　　　　　 20 000
　　　　应交税费——应交增值税（进项税额）　　　　　　　　　　　　　　 2 600
　　　　贷：银行存款　　　　　　　　　　　　　　　　　　　　　　　　　22 600
（1）收料后，再按计划成本入库：
　　借：原材料　　　　　　　　　　　　　　　　　　　　　　　　　　　 19 800
　　　　贷：材料采购　　　　　　　　　　　　　　　　　　　　　　　　　19 800
（2）同时结转差异：
　　借：材料成本差异　　　　　　　　　　　　　　　　　　　　　　　　　　200
　　　　贷：材料采购　　　　　　　　　　　　　　　　　　　　　　　　　　200

例 3　属于收料在前，付款在后类型业务，应作如下业务处理：
（1）借：材料采购　　　　　　　　　　　　　　　　　　　　　　　　　 20 000
　　　　应交税费——应交增值税（进项税额）　　　　　　　　　　　　　　 2 600
　　　　贷：应付账款　　　　　　　　　　　　　　　　　　　　　　　　　22 600
（2）借：原材料　　　　　　　　　　　　　　　　　　　　　　　　　　 20 500
　　　　贷：材料采购　　　　　　　　　　　　　　　　　　　　　　　　　20 500
（3）借：材料采购　　　　　　　　　　　　　　　　　　　　　　　　　　　500
　　　　贷：材料成本差异　　　　　　　　　　　　　　　　　　　　　　　　500

例 4　属于计划成本下发生短缺和毁损业务，应作如下业务处理：
（1）实收数按计划成本入库：
　　借：原材料　　　　　　　　　　　　　　　　　　　　　　　　　　　 20 790
　　　　贷：材料采购　　　　　　　　　　　　　　　　　　　　　　　　　20 790
（2）同时结转差异：
　　借：材料采购　　　　　　　　　　　　　　　　　　　　　　　　　　　990
　　　　贷：材料成本差异　　　　　　　　　　　　　　　　　　　　　　　　990
（3）短缺属于运输单位丢失：
　　借：其他应收款　　　　　　　　　　　　　　　　　　　　　　　　　　226
　　　　贷：材料采购　　　　　　　　　　　　　　　　　　　　　　　　　　200
　　　　　　应交税费——应交增值税（进项税额转出）　　　　　　　　　　　　26

例 5　属于计划成本法下材料的发出类型业务，应作如下业务处理：
　　借：生产成本　　　　　　　　　　　　　　　　　　　　　　　　　　 44 000
　　　　制造费用　　　　　　　　　　　　　　　　　　　　　　　　　　　5 000
　　　　管理费用　　　　　　　　　　　　　　　　　　　　　　　　　　　1 000

　　　　　贷：原材料　　　　　　　　　　　　　　　　　　　　　　　　50 000
　　同时结转材料成本差异：
　　借：生产成本　　　　　　　　　　　　　　　　　　　　　　　1 320
　　　　　制造费用　　　　　　　　　　　　　　　　　　　　　　　150
　　　　　管理费用　　　　　　　　　　　　　　　　　　　　　　　　30
　　　　　贷：材料成本差异　　　　　　　　　　　　　　　　　　　　　　　1 500

例6 主要练习材料成本差异率的计算，应作如下运算：

$$材料成本差异率 = \frac{500 - 2\,500}{25\,000 + 75\,000} \times 100\% = -2\%$$

$$发出材料应负担的成本差异 = 50\,000 \times (-2\%) = -1\,200(元)$$

$$发出材料的实际成本 = 50\,000 - 1\,200 = 48\,800(元)$$

技能训练

1. 根据原始凭证（图2.13～图2.15，表2.7）编制记账凭证。

天津增值税专用发票

开票日期：2021年02月26日

购货单位	名　　　称：吉林中天纺织厂		密码区	47⟨+6+14//295/81-283/ 加密版本：01 *⟨81*+0736788/⟩06059⟩ 4100054170 907⟨813266*26⟨6+61-⟩+ 00792147 3⟨1⟩*—⟨9+5/6⟩1⟩3/⟩⟩29
	纳税人识别号：410501689740506			
	地　址、电　话：建设街290号			
	开户行及账号：工行建设支行 680394184-89			

货物或应税劳务名称	规格型号	单位	数量	单价	金额	税率	税额
纯棉纱		千克	500	60.00	30 000	13%	3 900
合　计					30 000		3 900

价税合计（大写）	叁万叁仟玖佰元整	（小写）¥33 900.00	

销货单位	名　　　称：天津市棉纺织股份有限公司	备注	天津市棉纺织股份有限公司 发票专用章 发票专用章号：41050238989896
	纳税人识别号：201586793847688		
	地　址、电　话：天津市沿河大街109号 79628471		
	开户行及账号：工行朝阳支行 680561793-65		

收款人：×××　　　　复核：×××　　　　开票人：陈新　　　　销货单位：（章）

图2.13　增值税专用发票第一联

天津增值税专用发票

开票日期：2021年02月26日

购货单位	名　　称：吉林中天纺织厂 纳税人识别号：410501689740506 地　址、电　话：建设街290号 开户行及账号：工行建设支行 680394184-89	密码区	47〈+6+14//295/81-283/ 加密版本：01 *〈81*＋0736788/〉06059〉 4100054170 907〈813266*26〈6+61-〉+ 00792147 3〈1〉*-〈9+5/6〉1 3/〉〉29

货物或应税劳务名称	规格型号	单位	数量	单价	金额	税率	税额
纯棉纱		千克	500	60.00	30 000	13%	3 900
合　　计					30 000		3 900

价税合计（大写）	叁万叁仟玖佰元整	（小写）¥33 900.00

销货单位	名　　称：天津市棉纺织股份有限公司 纳税人识别号：201586793847688 地　址、电　话：天津市沿河大街109号 79628471 开户行及账号：工行朝阳支行 680561793-65	备注	

收款人：×××　　复核：×××　　开票人：陈新　　销货单位：（章）

图 2.14　增值税专用发票

图 2.15　转账支票

表 2.7 收料单

供应单位：天津市棉纺织股份有限公司　　　　　　　　　　材料账户　　编号：
发票号码：00792168　　　　　　　2021 年 02 月 28 日　　　材料类别　　仓库：

材料编号	名称	规格	计量单位	数量		实际成本					计划成本		差异
				应收	实收	买价		运杂费	其他	合计	单位成本	金额	
						单价	金额						
	纯棉纱		千克	500	500	60	30 000			30 000	61	30 060	−60

备注：

记账：张红　　　采购员：王丽　　　收料：李红　　　制单：王素安

2. 根据原始凭证（表 2.8）编制记账凭证。

表 2.8 领料单

领料部门：一车间 A 产品　　　　2021 年 03 月 01 日　　　　　　　　　第 3001 号

材料类别	名称及规格	计量单位	数量		计划成本		实际成本		用途
			请领	实领	单价	金额	单价	金额	
原料及主要材料	合股纱	千克	50	50	26	1 300	25	1 250	生产
原料及主要材料	纯棉纱	千克	50	50	61	3 050	60	3 000	生产

3. 根据原始凭证（表 2.9）编制记账凭证。

根据本月领料单统计编制的本月"领料凭证汇总表"计算本月发出材料应负担的成本差异，并进行相应的账务处理（本月具体"领料单"略）。

表 2.9 领料凭证汇总表

2021 年 03 月 30 日

材料种类	领料部门及用途				合计
	A 产品	B 产品	车间耗用	管理部门	
涤棉纱	30 000	25 000			55 000
合股纱		12 000			12 000
纯棉纱	15 000	23 000	8 000	6 000	52 000
计划成本合计	45 000	60 000	8 000	6 000	119 000
材料成本差异（差异率 3%）					

4. 中天公司从外地购入20 000千克材料,每千克2元,税率13%,价税款通过银行支付,材料尚未到达;入库时发现短缺200千克,短缺原因未明,该批材料计划单价每千克2.2元。以后查明原因,上项短缺属于铁路运输部门造成,应由其赔偿。

任务三　库存商品的核算

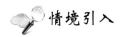

服装厂是典型的生产企业,既生产童装,又生产中老年服装,而且童装又包括不同的款式,中老年服装也包括不同的款式,这些都是服装厂生产出来的产品,那么,企业对生产出来的产品如何确认呢? 会计上又将如何处理?

1. 理解库存商品的概念,掌握库存商品的范围。
2. 掌握库存商品的核算。

例1　中天公司本月生产完工甲产品10件,实际单位成本500元,根据以上业务资料编制相应的记账凭证。

例2　中天公司本月销售一批甲产品,价款10 000元,增值税1 300元,款项已存入银行,该批商品的实际成本8 000元,根据以上业务资料编制相应的记账凭证。

为完成上述任务,需熟悉库存商品的概念、范围,掌握库存商品的核算。

一、库存商品的概念、内容

库存商品是指企业已完成全部生产过程并已验收入库、符合标准规格和技术条件、能够按照合同规定的条件送交订货单位或可以作为商品对外销售的产品,以及外购的用于销售的各种商品。

库存商品包括:库存产成品、外购商品、存放在门市部准备出售的商品、发出展览的商品、寄存在外的商品、接受来料加工制造的代制品和为外单位加工修理的代修品等。

二、库存商品的核算

库存商品业务的核算,需通过"库存商品"账户(图 2.16)来进行。

库存商品(资产)	
验收入库的库存商品的成本	发出库存商品的成本
结存库存商品的成本	

图 2.16 "库存商品"账户

1. 已完工验收入库的产成品,应根据产成品入库单和成本计算资料:
借:库存商品
　　贷:生产成本

2. 对外销售产成品,应根据产成品出库单所列出库数量和实际单位成本,计算发出产成品的实际成本。月末,结转发出和销售产成品的成本。对已经实现销售的产成品成本,应结转记入"主营业务成本"账户。

① 取得收入:
借:银行存款
　　贷:主要业务收入
　　　　应交税费——应交增值税(销项税额)

② 结转已售产品成本:
借:主营业务成本
　　贷:库存商品

操作指南

根据上述已经掌握的库存商品核算知识,我们可以对"任务内容"部分的两个任务案例进行如下业务处理:

例 1　属于产品生产完工验收入库业务的核算,应作如下业务处理:

借:库存商品——甲产品　　　　　　　　　　　　　　　　5 000
　　贷:生产成本——甲产品　　　　　　　　　　　　　　　　5 000

例 2　属于商品销售业务的核算,应作如下业务处理:

借:银行存款　　　　　　　　　　　　　　　　　　　　11 300
　　贷:主营业务收入　　　　　　　　　　　　　　　　　10 000
　　　　应交税费——应交增值税(销项税额)　　　　　　　1 300

结转已销甲产品成本:

借:主营业务成本　　　　　　　　　　　　　　　　　　　8 000
　　贷:库存商品——甲产品　　　　　　　　　　　　　　　　8 000

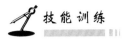

1. 根据原始凭证(表 2.10～表 2.12)编制记账凭证。

表 2.10 产品入库单

2021 年 04 月 30 日　　　　　　　　　　　　　　　　第 080 号

货号	品名	单位	数量	单价	金额	备注
Ⅰ	甲产品	件	2 500	25.00	62 500.00	生产一车间转入
合计					62 500.00	

负责人:于雪梅　　　　　　　　　　　　　　　　　　　　　　制单:王芳

表 2.11 产品入库单

2021 年 04 月 30 日　　　　　　　　　　　　　　　　第 081 号

货号	品名	单位	数量	单价	金额	备注
Ⅱ	乙产品	件	1 000	18.00	18 000.00	生产二车间转入
合计					18 000.00	

负责人:于雪梅　　　　　　　　　　　　　　　　　　　　　　制单:王芳

表 2.12 完工产品成本汇总表

2021 年 04 月 30 日

产品名称	计量单位	产量	直接材料	直接人工	制造费用	总成本	单位成本
甲产品	件	2 500	32 500.00	20 000.00	10 000.00	62 500.00	25.00
乙产品	件	1 000	10 000.00	5 000.00	3 000.00	18 000.00	18.00
合计			42 500.00	25 000.00	13 000.00	80 500.00	

财务主管:刘军　　　　　　　　　　　　　　　　　　　　　　制单:向梅

2. 根据原始凭证(表 2.13～表 2.15)编制记账凭证。

表 2.13 产品出库单

2021 年 05 月 03 日

编号	成品名称	规格	单位	数量	单价	金额	备注
Ⅰ	丙产品	一等品	件	100	600.00	60 000.00	销售
合计				100	600.00	60 000.00	

记账:车晓　　　　　　　　　　保管:王军　　　　　　　　　制票:王军

表 2.14　产品出库单

2021 年 05 月 05 日

编号	成品名称	规格	单位	数量	单价	金额	备注
Ⅱ	丁产品	一等品	件	500	200.00	100 000.00	销售
合计				500	200.00	100 000.00	

记账：车晓　　　　　　　　　　保管：王军　　　　　　　　　　制票：王军

表 2.15　产品销售成本计算表

2021 年 05 月 31 日

品名	计量单位	销售数量	单位生产成本	销售成本总额
丙产品	件	100	600.00	60 000.00
丁产品	件	500	200.00	100 000.00
合计				160 000.00

财务主管：刘军　　　　　　　　　　　　　　　　　　　　　　制单：向梅

任务四　周转材料的核算

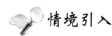

长岭摩托车厂生产的摩托车要销售出去，以满足人们的需要。要销售这些摩托车必须用木箱包装，否则摩托车容易出现损坏或刮痕，该厂会计小张收到这样一张发票，购买包装木箱 5 000 个，企业对这些包装木箱如何确认呢？会计上又将如何处理？

1. 理解周转材料的概念、内容。
2. 掌握周转材料的核算方法。

例 1　中天公司生产车间领用一批专用工具，实际成本 2 000 元，厂部管理部门领用一批办公用具，实际成本 1 500 元，采用一次摊销法，根据以上业务资料编制相应的记账凭证。

例 2　中天公司 3 月 10 日生产车间领用一批工具，实际成本 18 000 元，5 月 10 日该批工具全部报废,收回残料800元入库,采用五五摊销法,根据以上业务资料编制相应的记账凭证。

例3 中天公司生产车间为包装产品领用一批包装物,实际成本3 000元,根据以上业务资料编制相应的记账凭证。

例4 中天公司在商品销售过程中领用一批包装物,实际成本2 500元,该批包装物随同产品出售,单独计算售价3 000元,应收取的增值税390元,款项已收到,根据以上业务资料编制相应的记账凭证。

例5 中天公司在销售过程中租给购货单位一批新包装物,实际成本1 800元,收取押金2 000元和租金452元(其中增值税52元)存入银行,租期1个月,期满未收回,没收押金,根据以上业务资料编制相应的记账凭证。

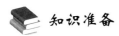

为完成上述任务,需要了解周转材料的概念、内容,掌握周转材料的核算方法。

一、周转材料的概念

周转材料是指企业能够多次使用逐渐转移其价值,但仍保持原有形态,不作为固定资产核算的包装物和低值易耗品,以及建筑承包企业的钢模板、木模板、脚手架和其他周转使用的材料等。周转材料包括低值易耗品和包装物。

二、低值易耗品核算

(一)低值易耗品的概念与内容

低值易耗品是指不能作为固定资产的各种用具、物品,如工具、管理用具、玻璃器皿以及在经营过程中周转使用的包装容器。按用途可以分为以下几类:

(1)一般工具,指生产中常用的工具,如刀具、量具、夹具、装配工具等。

(2)专用工具,指专门用于制造某一特定产品或在某一特定工序上使用的工具、专用模具等。

(3)替换设备,指容易磨损或为制造不同产品需要替换使用的各种设备。

(4)管理用具,指在管理上使用的各种家具、用具,如办公用具等。

(5)劳动保护用品,指为了安全生产而发给工人作为劳动保护用的工作服、工作鞋和各种防护用品。

(6)其他,指不属于上述各类的低值易耗品。

(二)低值易耗品的核算方法

1. 一次摊销法:是指在领用低值易耗品时将其价值一次计入相关成本费用中的摊销

方法。这种方法手续简便,适用于价值较低、使用期较短、一次领用数量不多的物品。

① 领用时:

借:制造费用
　　管理费用
　　销售费用
　　　贷:周转材料——低值易耗品

② 低值易耗品报废收回的残料:

借:原材料
　　贷:制造费用
　　　　管理费用
　　　　销售费用

2. 五五摊销法:是指领用低值易耗品时先摊销其价值的一半,报废时再摊销其价值的另一半,并注销其总成本的一种方法。这种方法适用于各月领用和报废比较均衡、各月摊销额相差不多的低值易耗品。

五五摊销法在"周转材料——低值易耗品"下设"在用低值易耗品"、"在库低值易耗品"、"低值易耗品摊销"三个明细账户进行核算。

① 领用低值易耗品时:

借:周转材料——低值易耗品(在用低值易耗品)
　　贷:周转材料——低值易耗品(在库低值易耗品)

同时摊销其价值的一半:

借:制造费用
　　管理费用
　　　贷:周转材料——低值易耗品(低值易耗品摊销)

② 低值易耗品报废时:

摊销其价值的另一半:

借:制造费用
　　管理费用
　　　贷:周转材料——低值易耗品(低值易耗品摊销)

回收残料:

借:原材料
　　贷:制造费用
　　　　管理费用

注销低值易耗品总成本:

借:周转材料——低值易耗品(低值易耗品摊销)
　　贷:周转材料——低值易耗品(在用低值易耗品)

三、包装物的核算

(一) 包装物的概念、种类

包装物是指为了包装本企业产品而储备的各种包装容器,如桶、箱、瓶、坛、袋等。主要包括以下四种:
(1) 生产过程中用于包装产品,成为产品组成部分的包装物。
(2) 随同产品出售,不单独计价的包装物。
(3) 随同产品出售,单独计价的包装物。
(4) 出租、出借的包装物。

小 贴 士

① 用于储存和保管产品而不对外出售、出租的包装物,应按价值大小和使用期限长短分别列作固定资产和低值易耗品。

② 各种包装材料,如纸、绳、铁丝、铁皮,属于一次性使用的包装材料,属"原材料"账户核算。

(二) 包装物的核算

包装物的核算,应通过"周转材料——包装物"账户(图 2.17)来反映和监督包装物的增减变动、价值损耗及结存情况。

周转材料——包装物(资产)

入库包装物的实际成本	发出包装物的实际成本
库存包装物的实际成本	

图 2.17 "周转材料——包装物"账户

1. 生产过程领用包装物,在包装产品后就构成产品实体,成为产品的组成部分,因此,应将包装物价值计入产品的生产成本。

借:生产成本
　　贷:周转材料——包装物

2. 随同产品出售不单独计价的包装物,主要是为了销售产品,为客户提供良好的销售服务,同时它也是一种促销手段,因此,应将这部分包装物成本作为企业的销售费用处理。

借:销售费用
　　贷:周转材料——包装物

3. 随同产品出售单独计价的包装物,实际就是出售包装物。出售包装物取得的收入计入"其他业务收入"账户,出售包装物成本计入"其他业务成本"账户。

① 取得价款：
借：银行存款
　　贷：其他业务收入
　　　　应交税费——应交增值税（销项税额）
② 结转已售包装物成本：
借：其他业务成本
　　贷：周转材料——包装物

4. 出租（出借）的包装物。出租包装物是企业因销售产品把包装物租给购买单位使用，出租包装物的租金收入及包装物在出租过程中发生的各种费用应作为其他业务收支处理，同时，出租包装物的租金收入按税法规定应缴纳增值税；出借包装物是企业因销售产品把包装物借给购买单位使用。出租和出借包装物的账务处理基本相同。所不同的是：出借不会取得收入，出借包装物的成本及相关费用应作为销售费用。

出租、出借包装物在使用过程中发生的价值损耗，可根据包装物本身价值大小和使用期限的长短，采用"一次摊销法"和"五五摊销法"进行摊销。以"一次摊销法"为例：

① 出租（出借）时：
借：其他业务成本（销售费用）
　　贷：周转材料——包装物
② 收到租金：
借：银行存款
　　贷：其他业务收入
　　　　应交税费——应交增值税（销项税额）
③ 收押金：
借：银行存款
　　贷：其他应付款——存入保证金
④ 退押金：
借：其他应付款——存入保证金
　　贷：银行存款
⑤ 逾期包装物未退回没收押金：
借：其他应付款——存入保证金
　　贷：其他业务收入
　　　　应交税费——应交增值税（销项税额）
⑥ 出租、出借包装物报废收回废料：
借：原材料
　　贷：其他业务成本（销售费用）
⑦ 出租、出借包装物发生的修理费：
借：其他业务成本（销售费用）
　　贷：银行存款

操作指南

掌握了低值易耗品和包装物的核算方法,针对"任务内容"部分的五个案例,进行如下分析、处理。

例1 属于"一次摊销法"下低值易耗品的核算,应作如下处理:

借:制造费用	2 000
管理费用	1 500
贷:周转材料——低值易耗品	3 500

例2 属于"五五摊销法"下低值易耗品的核算,应作如下处理:

(1) 3月10日领用时:

借:周转材料——低值易耗品(在用低值易耗品)	18 000
贷:周转材料——低值易耗品(在库低值易耗品)	18 000

(2) 同时摊销其价值的一半:

借:制造费用	9 000
贷:周转材料——低值易耗品(低值易耗品摊销)	9 000

(3) 5月10日报废时,摊销其价值的另一半:

借:制造费用	9 000
贷:周转材料——低值易耗品(低值易耗品摊销)	9 000

(4) 回收残料时:

借:原材料	800
贷:制造费用	800

(5) 同时注销低值易耗品总成本:

借:周转材料——低值易耗品(低值易耗品摊销)	18 000
贷:周转材料——低值易耗品(在用低值易耗品)	18 000

例3 属于生产过程领用包装物的核算,应作如下处理:

借:生产成本	3 000
贷:周转材料——包装物	3 000

例4 属于随同产品出售单独计价的包装物的核算,应作如下处理:

(1) 取得收入时:

借:银行存款	3 390
贷:其他业务收入	3 000
应交税费——增值税(销项税额)	390

(2) 结转已售包装物成本时:

借:其他业务成本	2 500
贷:周转材料——包装物	2 500

例5 属于出租包装物的核算,应作如下处理:

(1) 出租包装物时:

借:其他业务成本　　　　　　　　　　　　　　　　　　　　　1 800
　　贷:周转材料——包装物　　　　　　　　　　　　　　　　　　　1 800

(2) 收取押金时:

借:银行存款　　　　　　　　　　　　　　　　　　　　　　　2 000
　　贷:其他应付款——存入保证金　　　　　　　　　　　　　　　　2 000

(3) 收取租金时:

借:银行存款　　　　　　　　　　　　　　　　　　　　　　　452
　　贷:其他业务收入　　　　　　　　　　　　　　　　　　　　　400
　　　　应交税费——应交增值税(销项税额)　　　　　　　　　　　52

(4) 逾期不能收回包装物,没收押金时:

没收押金应交增值税＝2 000÷(1＋13％)×13％＝230.09(元)

借:其他应付款——存入保证金　　　　　　　　　　　　　　　2 000
　　贷:其他业务收入　　　　　　　　　　　　　　　　　　　　　1 769.91
　　　　应交税费——增值税(销项税额)　　　　　　　　　　　　　230.09

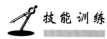

1. 根据原始凭证(表 2.16)编制相应的记账凭证。

表 2.16　领料单

领料部门:一车间		2021 年 04 月 01 日			NO.01204056
材料名称及规格	单位	数量	单价	金额	备注
小包装箱	个	1 000	2.50	2 500	
大包装箱	个	200	5.00	1 000	
合计				3 500	

部门负责人:张伟　　　　　　领料人:王军　　　　　　发料人:陈海

2. 根据原始凭证(表 2.17)编制记账凭证(领用随同产品出售而不单独计价的包装物)。

表 2.17　包装物出库单

2021 年 04 月 12 日

材料名称	名称及规格	计量单位	数量	单价	金额
包装物	小包装箱	个	100	2.50	250
合计					250

部门负责人:张伟　　　　　　领料人:王军　　　　　　发料人:陈海

3. 根据原始凭证(图2.18、图2.19,表2.18)编制记账凭证(领用随同产品出售、单独计价的包装物)。

图 2.18 增值税专用发票

图 2.19 进账单

表 2.18　包装物出库单

2021 年 04 月 13 日

材料名称	名称及规格	计量单位	数量	单位成本	金额
包装物	大包装箱	个	300	4.00	1 200
合计					1 500

部门负责人:张伟　　　　领料人:王军　　　　发料人:陈海

4. 根据原始凭证(表 2.19)编制记账凭证。

表 2.19　领料单

领料部门:一车间　　　2021 年 04 月 15 日　　　NO.01204057

材料名称及规格	单位	数量	单价	金额	备注
专用工具	件	40	10.00	400.00	
					一次摊销法
合计				400.00	

部门负责人:张伟　　　　领料人:王军　　　　发料人:陈海

5. 根据原始凭证(表 2.20)编制记账凭证。

表 2.20　领料单

领料部门:管理部门　　　2021 年 04 月 16 日　　　NO.01204058

材料名称及规格	单位	数量	单价	金额	备注
办公用具	件	5	800.00	4 000.00	五五摊销法
					报废收回残料 200 元
合计				4 000.00	

部门负责人:张伟　　　　领料人:王军　　　　发料人:陈海

任务五　委托加工物资的核算

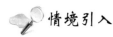

情境引入

有些企业全部的生产流程都由本公司完成,有些企业却需要委托其他企业进行加工,然后继续生产或出售。哪些企业经常有这种需要委托其他企业加工的物资?针对这些需要委托外单位进行加工的物资,会计上又将如何处理?

学习目标

1. 理解委托加工物资的概念,掌握委托加工物资实际成本的构成。

2. 掌握委托加工物资的核算方法。

任务内容

例1 中天公司为一般纳税人,将一批原材料委托外单位加工成丙产品(属于应税消费品),发出原材料的实际成本100 000元,用银行存款支付加工费10 000元,应缴纳的消费税5 800元和增值税1 300元,加工完毕验收入库(丙产品收回后直接销售),应如何进行业务处理?

例2 假如上述丙产品收回后,用于连续生产应税消费品,应如何进行账务处理?

知识准备

为完成上述任务,需理解委托加工物资的概念,掌握委托加工物资的核算方法。

一、委托加工物资的概念

委托加工物资是指企业为满足生产需要发往外单位去加工,以制成另一种性能用途的物资,所发出的物资就是委托加工物资。

二、委托加工物资的核算

委托加工物资的实际成本包括发出物资的实际成本、支付的加工费和往返运杂费以及计入委托加工物资成本中的税金。委托加工物资的核算需要通过"委托加工物资"账户(图2.20)来核算。

委托加工物资(资产)

发出物资的实际成本、加工费、往返运杂费及计入委托加工物资成本中的税金	加工后收回物资和退回剩余物资的实际成本
尚未加工完成物资的实际成本	

图2.20 "委托加工物资"账户

委托加工物资的核算:
1. 发出物资时:
借:委托加工物资
　　贷:原材料
2. 支付的加工费和往返运杂费:
借:委托加工物资
　　应交税费——增值税(进项税额)
　　贷:银行存款
3. 发生的运杂费:

借:委托加工物资
　　贷:银行存款
4. 退回剩余物资:
借:原材料
　　贷:委托加工物资
5. 加工后收回:
借:原材料(周转材料、库存商品)
　　贷:委托加工物资

☆ 特别提示:委托加工物资属于应纳消费税的应税消费品,应由受托方代收代缴消费税,委托方应针对不同情况区别处理:

① 委托加工物资收回后直接用于销售,应将受托方代收代缴的消费税计入"委托加工物资"的成本。

借:委托加工物资
　　贷:银行存款

② 委托加工物资收回后用于连续生产应税消费品,应将受托方代收代缴的消费税计入"应交税费"。

借:应交税费——应交消费税
　　贷:银行存款

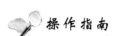

操作指南

掌握了委托加工物资的核算办法,针对"任务内容"部分的两个案例,进行如下分析、处理。

例1 属于应纳消费税的委托加工物资的核算,加工物资收回后直接用于销售,应作如下业务处理:

(1) 发出物资时:

借:委托加工物资	100 000	
贷:原材料		100 000

(2) 支付的加工费:

借:委托加工物资	15 800	
应交税费——增值税(进项税额)	1 300	
贷:银行存款		17 100

(3) 加工后收回:

借:库存商品	115 800	
贷:委托加工物资		115 800

例2 属于应纳消费税的委托加工物资的核算,加工物资收回后用于连续生产应税消费品,应作如下业务处理:

(1) 发出物资时：

借：委托加工物资　　　　　　　　　　　　　　　　　　100 000
　　贷：原材料　　　　　　　　　　　　　　　　　　　　　　　100 000

(2) 支付的加工费：

借：委托加工物资　　　　　　　　　　　　　　　　　　 10 000
　　应交税费——增值税（进项税额）　　　　　　　　　　 1 300
　　　　　　——消费税　　　　　　　　　　　　　　　　 5 800
　　贷：银行存款　　　　　　　　　　　　　　　　　　　　　　 17 100

(3) 加工后收回：

借：库存商品　　　　　　　　　　　　　　　　　　　　110 000
　　贷：委托加工物资　　　　　　　　　　　　　　　　　　　　110 000

技能训练

1. 根据原始凭证（表2.21）编制相应的记账凭证。

表 2.21　委托加工材料出库单

加工单位：天津棉纺织有限公司　　　　　　　　　　　　　　　　　　　NO:0037491
加工合同号：020189　　　　　　　2021 年 04 月 20 日

材料类别	名称及规格	计量单位	数量	单价	金额	收回材料名称
原材料	棉花	千克	500	30.00	15 000.00	纯棉纱

仓库主管：王红　　发料人：张丽　　领料部门主管：徐燕　　领料人：李丽

2. 根据原始凭证（图2.21、图2.22）编制记账凭证（运杂费）。

```
中国工商银行
转账支票存根

附加信息 _____
_____

出票日期 2021 年 04 月 20 日
收款人：长春万达运输公司
金　额：¥1 200.00
用　途：运杂费
单位主管　　会计
```

图 2.21　转账支票存根

公路、内河货物运输业统一发票

发票代码 20195521407
发票号码 678469753

开票日期:2021年04月20日

机打代码	023706875337	防伪码区	〉6＋1〈84453〉20/463＋/92/// ＊481-8390＋9636-6＋81-565〉310＋/-28〉63 56496928/-11469/78/6〉〉06/23-3 〈84483〉20/463〈88443〉20/4639/79/5
机打号码	09970578		
机器编号	210168836100		

收货人及纳税人识别号	天津棉纺织有限公司 410501689740506	承运人及纳税人识别号	长春万达运输公司 201651765089432
发货人及纳税人识别号	吉林中天纺织厂 201586793847688	主管税务机关及代码	长春市地方税务局朝阳分局 20130097

运输项目及金额	货物名称	数量	运价	里程	金额	其他项目及金额	项目	金额	备注
	涤棉纱	505千克			1 000		运杂费	200	起运地:长春 到达地:天津 运输类型:汽运
运费小计	￥1 000					其他费用小计		￥200	
合计(大写)	壹仟贰佰元整						(小写)￥1 200		

承运人盖章　　　　　　　　　　　　　　　开票人:蒋华

图 2.22　公路、内河货物运输统一发票

3. 根据原始凭证(图 2.23、图 2.24)编制记账凭证(加工费)。

天津增值税专用发票

开票日期:2021年04月26日

购货单位	名　称:吉林中天纺织厂 纳税人识别号:410501689740506 地址、电话:建设街290号 开户行及账号:680394184-89	密码区	＋6＋14//295/81-283/ ＊〈81＊＋0736025/〉06059〉 907〈813266＊26〈6＋61-〉＋ 3〈1〉＊-〈9＋5/6〉1〉3/〉〉29	加密版本:01 4100054170 00792147

货物或应税劳务名称	规格型号	单位	数量	单价	金额	税率	税额
加工费		千克	500	10.00	5 000	13％	650
合　计					5 000		650

价税合计(大写)	伍仟陆佰伍拾元整	(小写)￥5 650.00

销货单位	名　称:天津市棉纺织股份有限公司 纳税人识别号:201586793847688 地址、电话:天津市沿河大街109号 79628471 开户行及账号:工行朝阳支行 680561793-65	备注	

收款人:×××　　复核:×××　　开票人:陈新　　销货单位:(章)

图 2.23　增值税专用发票

中国工商银行　电汇凭证(受理回单)

委托日期 2021 年 04 月 26 日　　　第 0364172 号

出票人	全　称	吉林中天纺织厂	收款人	全　称	天津棉纺织有限公司
	账　号	68394184-89		账　号	545620458-47
	汇出地点	吉林长春建设街290号		汇入地点	天津沿河大街109号

汇出行名称	工行建设支行	汇入行名称	工行朝阳支行

金额	人民币（大写）	伍仟陆佰伍拾伍元整		亿千百十万千百十元角分
				￥ 5 6 5 0 0 0

汇款用途：加工费　　　支付密码

上列款项请在本人的账户内支付，并按照汇兑结算规定汇给收款人。　　　附加信息及用途：

　　　　　　　　　　　　　　　　复核　　　　　　　记账

汇出行签章

此联是汇出银行给汇款单位的回单

（中国工商银行建设支行 2021.4.26 转讫）

图 2.24　电汇凭证

4．根据原始凭证（表 2.22）编制记账凭证（收回委托加工材料）。

表 2.22　委托加工材料交库单

加工单位：天津棉纺织有限公司　　2021 年 04 月 28 日　　NO：0037491
加工合同号：020189

材料类别	名称及规格	计量单位	数量	单价	金额	备注
原材料	纯棉纱	千克	500	10.00	5 000.00	

记账：王美　　　　质检：张丽丽　　　　收料人：张碧红　　　　制单：李强

任务六　存货清查的核算

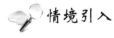 情境引入

　　工业企业的存货具有品种多、数量大等特点，为了能够对这些物资进行较好地控制和管理，需要对其进行定期或不定期的清查。那么，企业在进行存货清查时通常有哪些方法？当出现清查的结果与账面数不一致时，会计上又将如何处理？

学习目标

1. 了解存货清查的概念和清查的方法。
2. 掌握存货清查的核算方法。

 任务内容

例1 2021年末中天公司对原材料进行清查,发现盘盈甲材料100千克,实际单位成本2元。经查,属于收发计量方面的错误所造成的,根据以上业务资料编制相应的记账凭证。

例2 中天公司在2021年末进行存货清查,盘亏乙材料100千克,实际单位成本50元;盘亏丁材料2 000千克,实际单位成本10元。经查明,乙材料属于管理不善毁损,应收过失人赔偿500元;丁材料属于自然灾害毁损,应收保险公司赔偿款15 000元,根据以上业务资料编制相应的记账凭证。

 知识准备

为完成以上任务,应掌握存货清查的概念、方法以及核算办法。

一、存货清查的概念

存货清查指通过对存货的实地盘点,确定存货的实有数量并与账面资料相核对,从而确定存货的实存数与账存数是否相符的一种专门方法。

存货清查的方法采用实地盘点法。存货清查按清查的对象和范围不同,分为全面清查和局部清查;按清查的时间分为定期清查和不定期清查。

二、存货清查的核算

1. 存货盘盈的账务处理:

存货盘盈主要是收发计量或核算上的误差所造成的,经批准后冲减"管理费用"账户。

(1) 盘盈时:

借:库存商品、原材料等
　　贷:待处理财产损溢——待处理流动资产损溢

(2) 转销时:

借:待处理财产损溢——待处理流动资产损溢
　　贷:管理费用

2. 存货的盘亏和毁损的账务处理:存货的盘亏原因多种,应根据不同情况处理:

(1) 属于自然损耗产生的定额内损耗计入"管理费用"账户;

(2) 属于计量收发差错和管理不善等原因造成的存货的短缺或毁损,应先扣除残料价值和可以收回的过失人赔偿,然后将净损失计入"管理费用"账户。

(3) 属于自然灾害或意外事故造成的存货毁损,应先扣除残料价值和可以收回的保险赔偿,然后将净损失计入"营业外支出"账户。

① 盘亏时:

借:待处理财产损溢——待处理流动资产损溢

  贷:库存商品

    原材料

    应交税费——增值税(进项税额转出)

② 转销时:

借:原材料

  其他应收款

  管理费用

  营业外支出——非常损失

  贷:待处理财产损溢——待处理流动资产损溢

操作指南

掌握了存货清查的核算方法,针对"任务内容"部分的两个案例,进行如下分析、处理。

例1 属于存货的盘盈,应作如下业务处理:

(1) 盘盈时:

借:原材料——甲材料	200	
贷:待处理财产损溢——待处理流动资产损溢		200

(2) 转销时:

借:待处理财产损溢——待处理流动资产损溢	200	
贷:管理费用		200

例2 属于存货的盘亏业务,应作如下业务处理:

(1) 盘亏时:

借:待处理财产损溢——待处理流动资产损溢	28 250	
贷:原材料——乙材料		5 000
原材料——丁材料		20 000
应交税费——增值税(进行税额转出)		3 250

(2) 转销时:

借:其他应收款——××过失人	500	
管理费用	5 150	
其他应收款——应收保险赔偿	15 000	

营业外支出　　　　　　　　　　　　　　　　　　　　　　7 600
贷：待处理资产资产损溢——待处理流动资产损溢　　　　　28 250

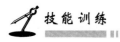

根据存货盈亏的原始凭证（表 2.23）编制记账编制记账凭证。

表 2.23　中天纺织厂存货盘点盈亏报告表

2021 年 06 月 30 日

存货编号	名称规格	计量单位	数量		单价	盘盈		盘亏		备注
			账存	实存		数量	金额	数量	金额	
101	纯棉纱	千克	500	480	50.00			20	1 000.00	
102	合股纱	千克	400	350	40.00			50	2 000.00	
103	涤棉纱	千克	300	290	30.00			10	300.00	
104	棉花	千克	500	520	50.00	20	1 000.00			
合计							1 000.00		3 300.00	

处理意见	清查小组	审批部门
	棉花的盘盈，属于自然升溢，调整管理费用。 纯棉纱的盘亏属于责任人王维的责任，令其赔偿。 合股纱和涤棉纱的盘亏属自然灾害（水灾），保险公司同意赔偿70%，其余转销。	按财务制度规定转销。 厂长：刘波（印） 2021 年 6 月 30 日

项目三
固定资产和无形资产的核算

任务一　固定资产增加的核算

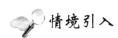 情境引入

张红是一名刚毕业的大学生,被安排到一家公司的固定资产核算岗位实习。张红发现,除了公司自有的厂房、机器设备、车辆外,公司还为员工经营租赁了一台班车,一车间还融资租赁了两台精密的数控车床,这些都是企业的固定资产吗？张红对此有些困惑。

 学习目标

1. 理解固定资产的概念、特点,了解固定资产的分类。
2. 理解固定资产的计价方法,掌握固定资产取得的核算。

任务内容

例1　中天公司外购一台需安装的铣床,购置价50 000元,支付的增值税6 500元,支付的运杂费2 000元、安装费7 000元,请问该铣床的入账价值如何确定？

例2　中天公司购入一台需要安装的设备,取得的增值税专用发票上注明的设备买价为50 000元,增值税额8 500元,支付的运输费为1 000元,安装设备时,领用材料物资价值1 500元,应支付的工资为2 500元,根据以上业务资料编制相应的记账凭证。

例3　2021年3月,中天公司自行建造一座冷库,购入为建造冷库准备的一批物资,价款300 000元,支付的增值税为39 000元,款项用银行存款支付。工程开工后领用工程物资300 000元;工程还领用生产用一批原材料,实际成本20 000元;工程领用本企业的一批产品,实际成本90 000元,计税价格100 000元,辅助生产为工程提供劳务30 000元,应支付的工程人员薪酬60 000元,10月底工程完工固定资产达到预定可使用状态,根据以上业务资料编制相应的记账凭证。

例4　中天公司接受某机床厂投入的一台铣床,专用发票注明价款200 000元,增值税26 000元,根据以上业务资料编制相应的记账凭证。

例5　中天公司接受外商捐赠的生产用设备,专用发票注明买价是300 000元,增值

税 39 000 元,支付运费 2 000 元,款项以银行存款支付,根据以上业务资料编制相应的记账凭证。

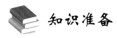 知识准备

为完成上述任务,应熟悉固定资产的概念、特点、分类、计价方法,掌握固定资产增加的核算。

一、固定资产的概念、特点

固定资产是为生产产品、提供劳务、出租或经营管理而持有的,使用寿命超过一个会计年度的有形资产。

固定资产有以下特点:

(1) 固定资产是有形资产。

(2) 持有固定资产的目的是为生产产品、提供劳务、出租或为经营管理的目的而持有的,也就是说持有的目的是为了使用而非销售。

(3) 使用寿命超过一个会计年度。

(4) 固定资产的价值补偿是分批进行的,且实物补偿与价值补偿是脱节的。

二、固定资产的分类

对固定资产进行合理、科学的分类是完善固定资产管理和核算的前提。常见的分类方法有以下四种:

1. 按经济用途分类。

① 生产经营用固定资产:指直接服务于生产经营过程的各种固定资产,如生产经营用房屋、建筑物、机器设备、运输车辆等。

② 非生产经营用固定资产:指间接服务于生产经营过程的固定资产,如职工宿舍、食堂、浴室使用的房屋设备等。

2. 按使用情况分类。

① 在用固定资产:指正在使用中的生产经营用和非生产经营用固定资产。

② 未使用固定资产:指已完工或已购建的尚未交付使用的和正在改、扩建的固定资产。

③ 不需用的固定资产:指本企业不适用、需要调配处理的固定资产。

④ 租出的固定资产:指企业以经营性租赁方式租给其他单位使用的固定资产。

3. 按所有权分类。

① 自有固定资产:指企业拥有的可供企业自由支配、长期使用的固定资产。

② 租入固定资产:指企业采用租赁方式从其他单位租入的固定资产。

4. 按固定资产综合分类。

① 生产经营用固定资产。
② 非生产经营用固定资产。
③ 租出固定资产。
④ 不需用固定资产。
⑤ 未使用固定资产。
⑥ 融资租入固定资产：指企业采用融资租赁方式租入的固定资产，按照实质重于形式的原则，应视同自有固定资产进行管理。
⑦ 土地：指已经估价单独入账的土地，因征地而支付的补偿费，应计入与土地有关房屋、建筑物价值内，不单独作为土地价值入账，企业取得的土地使用权不能作为固定资产而应当作为无形资产。

三、固定资产的计价

1. 原始价值

原始价值也称原值，指企业构建某项固定资产达到预定可使用状态前所发生的一切合理的、必要的支出。由于固定资产的来源不同，其原值的构成内容也不同。

（1）外购的固定资产。
① 购入不需要安装的固定资产：入账价＝买价＋相关税费。
② 购入需要安装的固定资产：入账价＝买价＋相关税费＋安装费用。
（2）自行建造的固定资产。

$$入账价＝建造中的全部支出。$$

（3）投资转入的固定资产。

$$入账价＝双方确认的价值。$$

（4）改建、扩建的固定资产。

入账价＝改建、扩建前的价值＋改建、扩建中发生的支出－改建、扩建的变价收入。

（5）接受捐赠的固定资产。
① 捐赠方提供了有关凭据：入账价＝凭据上标明的金额＋相关税费。
② 捐赠方没有提供有关凭据：入账价＝同类或类似固定资产的市价＋由企业负担的运输费、保险费和安装费等。
（6）盘盈的固定资产。

入账价＝同类或类似固定资产的市价－按该项固定资产新旧程度估计的价值损耗后的余额。

（7）无偿调入的固定资产

$$入账价＝调出单位的账面原值＋由企业负担的运输费、安装费等。$$

2. 固定资产净值

固定资产净值也称折余价值，是指固定资产原值减去累计折旧后的净额。净值反映的是固定资产的现有价值，将其同原始价值相比，可以反映固定资产的新旧程度。

四、固定资产核算所设置的账户

1. "固定资产"账户核算固定资产原值增减变动和结存情况,如图3.1所示。

固定资产(资产)	
增加的固定资产原值	减少的固定资产原值
现有固定资产的原始价值	

图3.1 "固定资产"账户

2. "在建工程"账户核算企业固定资产未完工程所发生的一切支出,如图3.2所示。

在建工程(资产)	
固定资产未完工程所发生的一切支出	完工工程成本
尚未完工的工程成本	

图3.2 "在建工程"账户

3. "累计折旧"账户核算企业固定资产的累计折旧数,如图3.3所示。

累计折旧(资产)	
由于固定资产减少转出的折旧	计提的固定资产折旧
	累计折旧数

图3.3 "累计折旧"账户

4. "工程物资"账户核算企业为建筑工程准备的各种工程物资的实际成本,如图3.4所示。

工程物资(资产)	
购入工程物资的实际成本	领用工程物资的实际成本
结存的工程物资的实际成本	

图3.4 "工程物资"账户

五、固定资产增加的核算

工业企业固定资产增加的途径一般有外购的、自行建造的、投资者投入的和接受捐赠的等,企业应根据不同的来源渠道对增加的固定资产进行相应的账务处理。

(一)外购的固定资产

外购的固定资产,其固定资产的原值为实际支付的全部价款,包括买价、进口关税等相关费用以及固定资产达到预定可使用状态前所发生的可直接归属于该资产的其他支出。

1. 购入不需要安装的固定资产,可按实际支付的买价、运杂费、包装费等直接记入"固定资产"账户。

借:固定资产
　　应交税费——应交增值税(进项税额)
　　贷:银行存款

2. 购入需要安装的固定资产,即固定资产需经过安装以后才能交付有关部门使用,在安装工程未达到可使用状态前不能作为固定资产入账。

购入固定资产时:

借:在建工程
　　应交税费——应交增值税(进项税额)
　　贷:银行存款

发生的安装费:

借:在建工程
　　贷:银行存款
　　　　应付职工薪酬
　　　　原材料
　　　　应交税费——增值税(进项税额转出)

安装完毕,固定资产达到预定可使用状态:

借:固定资产
　　贷:在建工程

(二) 自行建造的固定资产

企业自行建造的固定资产,按照建造该项资产达到预定可使用状态以前所发生的必要支出,作为入账价值。这部分支出包括:工程用物资成本、人工成本、应予以资本化的固定资产借款费用、交纳的相关税费以及应分摊的其他间接费用等。自行建造的固定资产包括:固定资产的改建、扩建、大修理工程,在建工程(按组织实施方式的不同,可分为自营工程和出包工程)。

1. 自营工程的核算。

自营工程一般由企业的建筑安装部门或机修部门进行。在自营安装时,安装工程发生的包括固定资产的买价、包装费、运杂费以及安装过程中发生的相关支出等全部支出,均计入"在建工程"账户的借方,待安装完毕达到预定可使用状态时,再由"在建工程"账户转入"固定资产"账户。

① 购入工程物资:

借:工程物资
　　应交税费——增值税(进项税额)
　　贷:银行存款

② 领用工程物资:

借：在建工程
　　贷：工程物资
③ 工程领用原材料：
借：在建工程
　　贷：原材料
④ 工程人员工资：
借：在建工程
　　贷：应付职工薪酬
⑤ 辅助生产为工程提供劳务：
借：在建工程
　　贷：生产成本——辅助生产成本
⑥ 工程完工固定资产达到预定可使用状态：
借：固定资产
　　贷：在建工程

2. 出包工程的核算。

出包工程指企业通过招标方式将工程项目发包给建筑商，由建筑商组织施工的建筑工程和安装工程，其工程的具体支出由建筑商核算。在这种情况下，"在建工程"账户主要是企业与建筑商办理工程价款的结算账户，企业支付给建筑商的工程价款作为工程成本，通过"在建工程"账户进行核算。

① 开工时预付工程款：
借：在建工程
　　贷：银行存款
② 按工程进度陆续拨款：
借：在建工程
　　贷：银行存款
③ 工程完工固定资产达到预定可使用状态，并取得工程发票：
借：固定资产
　　应交税费——增值税（进项税额）

（三）投资者投入的固定资产

按照专用发票上注明的增值税额，借记"应交税费——应交增值税（进项税额）"账户，按照确认的固定资产价值借记"固定资产"账户，按照增值税与固定资产的合计数贷记"实收资本"账户。

借：固定资产
　　应交税费——增值税（进项税额）
　　贷：实收资本

(四) 接受捐赠的固定资产

捐赠转入的固定资产,按照专用发票上注明的增值税,借记"应交税费——应交增值税(进项税额)"账户,按照确定的固定资产的价值(已扣除增值税),借记"固定资产"账户;如果捐出方代为支付了固定资产进项税额,则按照增值税进项税额与固定资产价值的合计数,贷记"营业外收入"等账户。

借:固定资产
　　应交税费——增值税(进项税额)
　贷:营业外收入

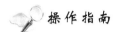操作指南

掌握了固定资产增加的核算,针对"任务内容"部分的五个案例,进行如下分析、处理。

例1 购入需安装的固定资产,发生的运杂费和安装费都应计入固定资产的入账价值。

$$该铣床的入账价值 = 50\,000 + 2\,000 + 7\,000 = 59\,000(元)$$

例2 购入需安装的固定资产,安装过程中发生的费用通过"在建工程"核算,待安装完毕、固定资产达到预定可使用状态时,再由"在建工程"账户转入"固定资产"账户,账务处理如下:

(1) 购入时:

借:在建工程	51 000
应交税费——应交增值税(进项税额)	6 500
贷:银行存款	57 500

(2) 工程发生的安装费、工资等费用:

借:在建工程	4 000
贷:原材料	1 500
应付职工薪酬	2 500

(3) 工程完工、固定资产达到预定可使用状态:

借:固定资产	55 000
贷:在建工程	55 000

例3 自营工程中发生的材料成本、人工成本及其他相关税费应计入工程成本,通过"在建工程"核算,待工程完工,固定资产达到预定可使用状态,再由"在建工程"账户转入"固定资产"账户,账务处理如下:

(1) 购入工程物资:

借:工程物资	300 000
应交税费——增值税(进项税额)	39 000
贷:银行存款	339 000

(2) 领用工程物资:

借:在建工程	300 000

  贷：工程物资　　　　　　　　　　　　　　　　　　　　　300 000
（3）工程领用原材料：
  借：在建工程　　　　　　　　　　　　　　　　　　　　　20 000
    贷：原材料　　　　　　　　　　　　　　　　　　　　　20 000
（4）工程人员工资：
  借：在建工程　　　　　　　　　　　　　　　　　　　　　60 000
    贷：应付职工薪酬　　　　　　　　　　　　　　　　　　60 000
（5）工程领用库存商品：
  借：在建工程　　　　　　　　　　　　　　　　　　　　　103 000
    贷：库存商品　　　　　　　　　　　　　　　　　　　　90 000
      应交税费——增值税（销项税额）　　　　　　　　　13 000
（6）辅助生产为工程提供劳务：
  借：在建工程　　　　　　　　　　　　　　　　　　　　　30 000
    贷：生产成本——辅助生产成本　　　　　　　　　　　　30 000
（7）工程完工固定资产达到预定可使用状态：
  借：固定资产　　　　　　　　　　　　　　　　　　　　　513 000
    贷：在建工程　　　　　　　　　　　　　　　　　　　　513 000

例 4　投资转入的固定资产应按照双方确认的价值入账，账务处理如下：
  借：固定资产　　　　　　　　　　　　　　　　　　　　　200 000
    应交税费——增值税（进项税额）　　　　　　　　　　　26 000
    贷：实收资本　　　　　　　　　　　　　　　　　　　　226 000

例 5　接受捐赠的固定资产，捐赠方提供了有关凭据的，按凭据上标明的金额加上应支付的相关税费作为入账价。
  借：固定资产　　　　　　　　　　　　　　　　　　　　　302 000
    应交税费——增值税（进项税额）　　　　　　　　　　　39 000
    贷：营业外收入　　　　　　　　　　　　　　　　　　　339 000
      银行存款　　　　　　　　　　　　　　　　　　　　2 000

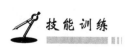

1. 根据原始凭证（图3.5～图3.7）编制记账凭证。

建筑安装服务业统一发票

开票日期：20__年__月01日　　　　　　　　地税　NO.1203355

工程名称	织布机安装		合同字号	214563
结算项目	单位	数量	单价	金额
安装费				5 850.00
合计金额	伍仟捌佰伍拾元整			￥5 850.00
结算方式	转账	开户银行	工行建设支行	
		账号	680394184-89	

收款单位：　　　　收款人：王英　　　　开票人：刘丽

图 3.5　建筑安装服务业统一发票

北京增值税专用发票

开票日期：2021 年 05 月 14 日

购货单位	名　　称：吉林中天纺织厂 纳税人识别号：410501689740506 地址、电话：建设街 290 号 63585788 开户行及账号：工行和平分 680394184-89	密码区	＋＊81/27〉13〈18473-4〈5〉 ＋-〉＊＊7〈-8＋＊-〉74〉14723 06〉18373/＋＋522＊〈88901 -2＋/〈3＊〉0〈91＊100〉〉41	加密版本：01 1100073140 00792147
货物或应税劳务名称	规格型号	单位	数量	单价	金额	税率	税额

货物或应税劳务名称	规格型号	单位	数量	单价	金额	税率	税额
织布机		台	1	200 000	200 000	13%	26 000
合　计					200 000		26 000
价税合计（大写）	贰拾贰万陆仟元整				（小写）￥226 000.00		

销货单位	名　　称：北京长城机械厂 纳税人识别号：23557785644 地址、电话：北京市文明路 88 号 3366238 开户行及账号：工行文明路支行 5542138699	备注	

第三联：发票联　购货方记账凭证

图 3.6　增值税专用发票

中国工商银行 电汇凭证(回单)

委托日期 2021 年 04 月 26 日　　　第 0364172 号

汇款人	全称	吉林中天纺织厂	收款人	全称	北京长城机械厂
	账号	68394184-89		账号	545620458-47
	汇出地点	吉林长春建设街290号		汇入地点	天津沿河大街109号
汇出行名称		工行建设支行	汇入行名称		工行朝阳支行

金额	人民币(大写)	伍仟捌佰伍拾伍元整	亿千百十万千百十元角分
			¥ 5 8 5 5 0 0

汇款用途:安装费　　　　支付密码

上列款项请在本人的账户内支付,并按照汇兑结算规定汇给收款人。

附加信息及用途:

复核　　　　　　　　记账

汇出行签章

（印章：中国工商银行建设支行 2021.4.26 转讫）

收款人:张娟　　复核:　　开票人:李明　　销货单位:(章)

图 3.7　电汇凭证

2. 根据原始凭证(图 3.8～图 3.15,表 3.1～表 3.5)计算自建固定资产价值,编制记账凭证并填制《固定资产交接验收单》。

(1)借入基建借款,如图 3.8 所示。

中国工商银行借款凭证(回单)

2021 年 01 月 10 日

收款单位	名称	吉林中天纺织厂	借款单位	名称	吉林中天纺织厂
	账号	68394184-89		贷款账号	1296547832
	开户银行	工行建设支行		开户银行	工行建设支行
贷款种类		长期借款	贷款期限	2 年	年利率 3%
申请借款金额		叁佰万元整	约定偿还日期		2023 年 1 月 10 日
借款用途			支付基建工程款		
核准借款金额		人民币(大写):叁佰万元整		¥ 3 000 000.00	

上列借款已批准发放,转入你单位结算账户。

复核:王丽丽　　　　　　　　开票人:付华

图 3.8　借款凭证

(2) 中天纺织厂支付设计费,如图3.9、图3.10所示。

建筑安装设计业统一发票

2021年02月01日　　　　　　　　　地税　NO.1203355

工程名称	中天纺织厂仓库		合同字号		214563
结算项目	单位	数量	单价		金额
仓库基建图纸设计					50 000.00
水管设计					10 000.00
电路设计					20 000.00
合计金额	捌万元整			￥80 000.00	
结算方式	转账	开户银行	工行建设支行		
		账　号	680394184－89		

收款单位：　　　　　　　　收款人：王英　　　　　　　　开票人：刘丽

图 3.9　建筑安装设计业统一发票

中国工商银行
转账支票存根
X Ⅵ54217893

附加信息

出票日期 2021 年 02 月 01 日

收款人：长春建筑设计院
金　额：￥80 000.00
用　途：设计费
单位主管　　会计

图 3.10　转账支票存根

(3) 中天纺织厂采购建筑材料,如图3.11~图3.14、表3.1~表3.2所示。

吉林增值税专用发票

开票日期:2021 年 02 月 09 日

购货单位	名　　称:吉林中天纺织厂 纳税人识别号:410501689740506 地　址、电　话:长春建设街 290 号 63585788 开户行及账号:工行和平分行 680394184-89	密码区	＋*81/27〉13〈18473-4〈5〉 ＋-〉**7〈-8＋*-〉74〉14723 06〉18373/＋＋522*〈88901 -2＋/〈3*〉0〈91*100〉〉41	加密版本:01 1100073140 00792147

货物或应税劳务名称	规格型号	单位	数量	单价	金额	税率	税额
钢筋		吨	300	3 000.00	900 000.00	13%	117 000
水泥		吨	200	2 000.00	400 000.00	13%	52 000
合　计					1 300 000		¥169 000

价税合计(大写)	壹佰肆拾陆万玖仟元整	(小写)¥1 469 000.00

销货单位	名　　称:长春团结建筑材料公司 纳税人识别号:110104453612588 地　址、电　话:团结路 180 号 87621688 开户行及账号:工行团结路支行 545620458-47	备注	

收款人:张燕　　　复核:　　　开票人:李丽　　　销货单位:(章)

图 3.11　增值税专用发票

```
中国工商银行
转账支票存根
X VI54217896

附加信息
_____
_____

出票日期 2021 年 02 月 09 日

收款人:长春团结建筑材料
公司

金　额:¥1 521 000.00

用　途:付建筑材料款

单位主管　　　会计
```

图 3.12　转账支票存根

中国工商银行
转账支票存根
X VI54217897

附加信息

出票日期 2021 年 02 月 09 日

收款人:	长春联运公司
金　额:	¥10 000.00
用　途:	付建筑材料运杂费

单位主管　　会计

图 3.13　转账支票存根

公路、内河货物运输业统一发票

发　票　联

开票日期 2021 年 02 月 09 日　　发票代码 20195521407　　发票号码 678469753

机打代码 机打号码 机器编号	023706875337 09970578 210168836100	税控区	20-163〉〉6+〉1〈84453〉20/463+/92/// ＊481-8390+9636-6+81-565〉310+/-28〉63 56496928/-11469/78/6〉〉06/23-3
收货人及 纳税人识别号	吉林中天纺织厂 410501689740506	承运人及 纳税人识别号	长春市联运公司 201651765089432
发货人及 纳税人识别号	长春团结建筑材料公司 241586793847638	主管税务机 关及代码	长春市国家税务局宽城分局 20130007

运输项目及金额	货物名称	数量	运价	里程	金额	其他项目及金额	项目	金额	备注
	钢筋	300			5 000		运杂费	1 000	起运地:长春
	水泥	200			4 000				到达地:长春
									运输类型:汽运

运费小计	¥9 000	其他费用小计	¥1 000
合计(大写)	壹万元整	(小写)¥10 000.00	

第一联：发票联　付款方记账凭证（手写无效）

承运人盖章　　　　开票人:蒋黎黎

图 3.14　公路、内河货起运输业统一发票

表 3.1　基建材料入库单

2021 年 02 月 10 日

收料单位	吉林中天纺织厂				供货单位	长春团结建筑材料公司		
品名	应收数				实收数			
	单位	数量	单价	金额	单位	数量	单价	金额
钢筋	吨	300	3 018.67	905 600	吨	300	3 018.67	905 600
水泥	吨	200	2 022	404 400	吨	200	2 022	404 400
合计		500		1 310 000				1 310 000

(4) 工程开工领用建筑材料，如表 3.2 所示。

表 3.2　基建材料领料单

2021 年 02 月 20 日

材料名称	单位	数量	单价	金额
钢筋	吨	300	3 018.67	905 600
水泥	吨	200	2 022	404 400
合计				1 310 000

(5) 工程发生人工费用，如表 3.3 所示。

表 3.3　中天纺织厂基建人员 2～12 月份工资结算单

单位:元

项目	岗位工资	地区津贴	职务补贴	采暖津贴	工龄津贴	其他	应发工资
刘伟	9 000	500	1 200	500	300	200	11 700
王红	8 000	400	1 400	500	400	300	11 000
赵岩	10 000	600	1 600	500	500	500	13 700
…							
合计	100 000	20 000	8 000	1 500	1 500	1 800	132 800

(6) 中天纺织厂支付工程款，如图 3.15 所示。

中国工商银行
转账支票存根
X Ⅵ54217898

附加信息

出票日期 2021 年 12 月 23 日
收款人：吉林第四建筑公司
金　额：￥5 000 000.00
用　途：工程费
单位主管　　会计

图 3.15　转账支票存根

(7) 中天纺织厂计提基建借款利息,如表 3.4 所示。

表 3.4　2~12 月基建借款利息计算单

基建借款	年利率	计算公式	利息额
3 000 000.00	3%	3 000 000 * 3% * 11/12	82 500

会计:李丽丽　　　　　　　　出纳:赵华　　　　　　　　制单:诗韵

(8) 自营工程完工交付使用,如表 3.5 所示。

表 3.5　固定资产验收交接清单

资产编号	资产名称	型号规格	计量单位	数量	价值	费用	附加费用	合计
	仓库		栋	1				
资产来源			耐用年限	40	主要附属设备			
制造厂名		自建	估计年限	40				
制造日期或编号			基本折旧率	5%				
使用部门			预计残值					

3. 根据原始凭证(图 3.16~图 3.18)编制记账凭证。

(1) 中天纺织厂预付工程款,如图 3.16、图 3.17 所示。

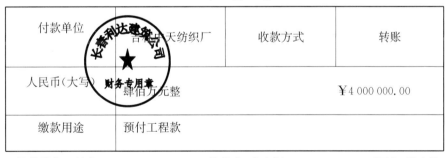

利达建筑公司收据

2021 年 03 月 01 日　　　　　　　　NO.23569874

付款单位	中天纺织厂	收款方式	转账
人民币(大写)	肆佰万元整		¥4 000 000.00
缴款用途	预付工程款		

收款单位:(盖章)　　　　　　收款人:李向阳　　　　　　开票人:张小梅

图 3.16　利达建筑公司收据

图 3.17 转账支票存根

(2)工程完工补付工程款,如图 3.18 所示。

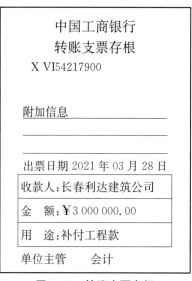

图 3.18 转账支票存根

任务二　固定资产折旧的核算

情境引入

每到月底,需计算固定资产折旧。假设本月有新购进的设备两台,又有一台闲置不用的设备出售,那么在计算固定资产折旧时,这三台设备都属于本月应计提折旧的范围吗?为什么?

学习目标

1. 理解固定资产折旧的概念,了解影响固定资产折旧的因素。
2. 掌握固定资产折旧的计算方法。

任务内容

例 1 中天公司一台生产用设备原值 1 000 000 元,预计使用 10 年,其预计净残值率 5%,采用平均年限法计算该设备的年折旧率、年折旧额、月折旧额。

例 2 中天公司一台生产经营用设备原值 200 000 元,预计使用 5 年,预计净残值 5 000 元,采用双倍余额递减法计算各年的折旧额。

例 3 中天公司的某项固定资产原值 100 000 元,预计使用 5 年,预计净残值 5 000 元,采用年数总和法计算各年折旧额,并编制固定资产折旧计算表。

知识准备

为完成以上任务,需要熟悉固定资产折旧的有关概念和折旧的计算方法。

一、固定资产折旧的概念

作为在企业中长期参加生产经营而保持其原有实物形态的固定资产,其价值是以折旧的形式从商品销售收入中逐步得到补偿。固定资产折旧是固定资产在使用寿命内按照确定的方法对应计提的折旧额进行系统的分摊。

二、影响固定资产折旧的因素

(一)固定资产原值

一般情况下,计提固定资产折旧应以固定资产的原值作为基数,采用双倍余额递减法计算折旧的企业,是以固定资产的账面净值作为计提折旧的依据。

(二)固定资产的净残值

固定资产净残值是指预计固定资产报废时可以收回的残余价值扣除清理费用后的余额。由于在计算折旧时,对固定资产的残余价值和清理费用只能人为估计,所以净残值的确定有一定的主观性。

(三)固定资产的折旧年限

固定资产使用年限的长短直接影响各期应提的折旧额。

（四）固定资产的折旧方法

同一种固定资产，因企业选用的折旧计算方法不同，计算的折旧额也会有所差异，折旧方法一经确定，不得随意变更。如需变更，应将变更的内容及原因在当期会计报表附注中说明。

三、固定资产折旧的计提范围

除以下情况外，企业应当对所有固定资产计提折旧。
1. 已提足折旧仍可继续使用的固定资产。
2. 单独计价入账的土地。

☆ 在确定计提固定资产折旧范围时，还应注意以下三点：

① 固定资产按月计提折旧，当月增加的固定资产，当月不提折旧，从下月开始计提折旧；当月减少的固定资产，当月仍计提折旧，从下月起不再计提折旧。

② 固定资产提足折旧后，不论能否继续使用均不再计提折旧；提前报废的固定资产也不再补提折旧。

③ 已达到预定可使用状态但尚未办理竣工决算的固定资产应当按估计价值确定成本，并计提折旧，待办理竣工决算后，再按实际成本调整暂估价值，但不调整已计提的折旧。

四、固定资产折旧的计算方法

目前，固定资产折旧的计算方法有以下五种：

（一）平均年限法

平均年限法是按照固定资产的预计使用年限，将固定资产应提的折旧额均衡地分摊到各期的一种计算方法。采用这种方法，对于某一项固定资产，每期计提的折旧额是相等的。

$$固定资产年折旧额 = \frac{固定资产原值 - 预计残值 + 清理费用}{预计使用年限}$$

$$固定资产月折旧额 = 固定资产年折旧额 \div 12$$

或

$$固定资产年折旧率 = \frac{1 - 残值率}{折旧年限} \times 100\%$$

$$月折旧率 = 年折旧率 \div 12$$

$$月折旧额 = 月折旧率 \times 固定资产原值$$

（二）工作量法

工作量法是按照固定资产在一定时期完成的工作量计算折旧额的一种方法。这种方法一般适用企业的运输车辆、大型的机械设备等可以确定工作量的固定资产计提折旧。

$$单位工作量的折旧额 = (固定资产原值 - 残值) \div 预计工作总量$$
$$= 原值 \times (1 - 残值率) \div 预计工作总量$$
$$某期应提折旧额 = 本期实际工作量 \times 单位工作量的折旧额$$

（三）双倍余额递减法

双倍余额递减法是在不考虑固定资产残值的情况下，用直线折旧率的双倍乘以每期期初固定资产账面净值计算折旧额的方法。

$$年折旧率 = \frac{2}{使用年限} \times 100\%$$

$$年折旧额 = 固定资产账面净值 \times 年折旧率$$

☆ 由于双倍余额递减法计算年折旧率时没有考虑预计净残值，因此采用这种方法时必须注意不能使固定资产的账面净值低于预计净残值。所以，制度规定采用双倍余额递减法计算折旧，应当在固定资产折旧年限到期的前两年，将固定资产账面净值扣除净残值平均摊销。

（四）年数总和法

年数总和法是根据固定资产原值减残值后的净额和一个逐期递减的折旧率计算折旧额的一种方法。

$$年折旧率 = \frac{尚可使用年数}{使用年数之和}$$

$$年折旧额 = (固定资产原值 - 残值) \times 年折旧率$$

（五）固定资产折旧的账务处理

在实际工作中，企业计提的固定资产折旧是按月根据固定资产计提折旧的范围和采用的折旧方法，通过编制固定资产折旧计算表进行的。

固定资产应当按月计提折旧，计提的折旧通过"累计折旧"账户核算，并根据用途计入相关资产成本或当期损益。企业生产车间所使用的固定资产，其计提的折旧应计入"制造费用"账户；管理部门所使用的固定资产，其计提的折旧应计入"管理费用"账户；销售部门所使用的固定资产，其计提的折旧应计入"销售费用"账户；经营租出的固定资产，其计提的折旧应计入"其他业务成本"账户。

借：制造费用
　　管理费用
　　销售费用

其他业务成本
贷：累计折旧

操作指南

掌握了固定资产折旧的核算方法,针对"任务内容"部分的两个案例,进行如下分析、处理。

例1 采用平均年限法计算折旧,其运算过程为

$$年折旧额 = \frac{1\,000\,000 \times (1-5\%)}{10} = 95\,000(元)$$

$$月折旧额 = 95\,000 \div 12 = 7\,917(元)$$

$$年折旧率 = 95\,000 \div 1\,000\,000 = 9.5\%$$

例2 采用双倍余额递减法计算折旧,其运算过程为

年折旧率 $= (2 \div 5) \times 100\% = 40\%$

第一年应提折旧额 $= 200\,000 \times 40\% = 80\,000(元)$

第二年应提折旧额 $= (200\,000 - 80\,000) \times 40\% = 48\,000(元)$

第三年应提折旧额 $= (120\,000 - 48\,000) \times 40\% = 28\,800(元)$

第四年、第五年应提折旧额 $= \dfrac{(72\,000 - 28\,800) - 5\,000}{2} = 19\,100(元)$

例3 采用年数总和法计算折旧,其运算过程见表3.6。

表3.6 年数总和法计算折旧的运算过程

年份	尚可使用年数	原值—残值	折旧率	折旧额	累计折旧
1	5	95 000	5/15	31 667	31 667
2	4	95 000	4/15	25 333	57 000
3	3	95 000	3/15	19 000	76 000
4	2	95 000	2/15	12 667	88 667
5	1	95 000	1/15	6 333	95 000

技能训练

1. 中天公司有一台生产经营用的设备,原值280 000元,预计净残值20 000元,预计清理费用2 000元,预计使用10年,请你根据以上条件计算该固定资产的年折旧额、年折旧率、月折旧额、月折旧率。

2. 中天公司一台运输用的货车原值120 000元,预计报废时净残值3 000元,在使用期限内预计行驶里程400 000公里,本月行驶3 000公里,计算单位里程的折旧额和本月的折旧额。

3. 中天公司的某项固定资产原值1 200 000元,预计使用5年,预计净残值率4%,采用双倍余额递减法和年数总和法计算各年折旧额(年数总和法可以列表计算)。

任务三 固定资产处置的核算

情境引入

由于产品的更新换代，领导决定将一台闲置不用的设备出售，该设备原值1 000 000元，已提折旧850 000元，未计提减值准备，实际出售价格200 000元（不含税），另外按13%收取增值税，款项已通过银行收回，该公司应怎样进行相应的会计处理？

学习目标

1. 了解固定资产处置的原因。
2. 掌握固定资产处置的核算方法。

任务内容

例1 中天公司出售一台使用过的设备，价格226 000元（含税），2018年1月购入。该固定资产取得时，其进项税额26 000已计入"应交税费——应交增值税（进项税额）账户"，假定2021年1月出售，折旧年限为10年，采用直线法折旧，不考虑残值。2021年售价150 000元（含税），该设备适用13%的税率，根据以上业务资料编制相应的记账凭证。

例2 中天公司的仓库因火灾毁损，其原值500 000元，累计折旧300 000元。清理过程中发生清理费10 000元，残料变价收入5 000元，款项通过银行存款收支，经与保险公司协商，保险公司同意赔偿140 000元，根据以上业务资料编制相应的记账凭证。

例3 中天公司以一台大型设备向大华公司进行投资，该设备原值250 000元，已提折旧60 000元。投资时，双方确认价值200 000元，企业适用的增值税率13%，根据以上业务资料编制相应的记账凭证。

知识准备

为完成以上任务，需要了解固定资产处置的原因，掌握固定资产处置的核算方法。

一、固定资产的处置的概念

固定资产处置是指由于各种原因使企业固定资产必须退出生产经营过程所做出的处理活动。在企业固定资产的使用过程中，有时会出现固定资产退出正常工作状态的情况，如固定资产出售、报废、毁损、对外投资、非货币性资产交换和债务重组等。

二、固定资产处置的核算

固定资产的处置一般通过"固定资产清理"账户（图3.19）进行，该账户核算企业因出售、毁损和报废等原因转入清理的固定资产净值以及在清理中所发生的清理费用和变价收入。

固定资产清理（资产）	
转入清理的固定资产净值、清理的税费、结转固定资产清理的净收益	出售固定资产的价款、清理的变价收入、过失人和保险公司负责的赔偿、结转固定资产清理的净损失
未结转的清理损失	未结转的清理收益

图 3.19 "固定资产清理"账户

1. 对外投资转出固定资产。

固定资产投资转出，以评估价作为"长期股权投资"的价值，如评估价大于固定资产的账面净值，其差额计入"资本公积"账户；如评估价小于固定资产的账面净值，其差额计入"营业外支出"账户。

借：长期股权投资
　　累计折旧
　贷：固定资产
　　　应交税费——应交增值税（销项税额）
　　　资本公积

2. 出售的固定资产。

企业对闲置不需用的固定资产可以出售给其他企业，收回资金，避免资源浪费，加速资金周转。按照有关规定，企业出售不动产，还应按照出售收入计算缴纳增值税。

注销原值和已提折旧：
借：固定资产清理
　　累计折旧
　贷：固定资产
清理费：
借：固定资产清理
　贷：银行存款
变价收入：
借：银行存款
　贷：固定资产清理
　　　应交税费——增值税（销项税额）
结转固定资产清理的净收益或净损失：

净收益：

借：固定资产清理
　　贷：资产处置损益

净损失：

借：固定资产处置损益
　　贷：固定资产清理

正常处置固定资产时，净收益、净损失计入"资产处置损益"；固定资产发生非正常毁损和报废时，计入"营业外支出"。

3. 对外捐赠转出的固定资产。

企业将自制、委托加工或购进的固定资产无偿赠送他人，应视同销售计算应交的增值税，借记"营业外支出"账户，贷记"应交税费——应交增值税（销项税）"账户。

借：营业外支出
　　贷：固定资产
　　　　应交税费——应交增值税（销项税额）

4. 报废、毁损的固定资产。

固定资产的报废有正常报废和非正常报废两种情况，无论哪种情况，固定资产报废、毁损的账务处理包括冲减固定资产的净值和原值、支付清理费、清理的变价收入、因非正常报废发生的保险理赔及结转固定资产清理的净收益等。

（1）注销原值和已提折旧：

借：固定资产清理
　　累计折旧
　　固定资产减值准备
　　贷：固定资产

（2）清理费：

借：固定资产清理
　　贷：银行存款

（3）变价收入：

借：银行存款
　　贷：固定资产清理
　　　　应交税费——增值税（销项税额）

（4）结转固定资产清理的净损失：

借：营业外支出——非常损失
　　　　（或）资产处置损益
　　贷：固定资产清理

操作指南

掌握了固定资产处置的核算方法,针对"任务内容"部分的任两个案例,进行如下分析、处理。

例1 属于出售使用过的设备,账务处理如下:

固定资产原值 = 226 000 ÷ (1 + 13%) = 200 000(元)

三年共提折旧 = (200 000 ÷ 10) × 3 = 60 000(元)

2021年出售时应交增值税 = [150 000 ÷ (1 + 13%)] × 13% = 17 256.64(元)

(1) 转入清理:

借:固定资产清理	140 000
累计折旧	60 000
贷:固定资产	200 000

(2) 收到价款:

借:银行存款	150 000
贷:固定资产清理	132 743.36
应交税费——增值税(销项税额)	17 256.64

(3) 结转净损失:

借:资产处置损益	7 256.64
贷:固定资产清理	7 256.64

例2 属于固定资产毁损报废,需要进行固定资产清理,账务处理如下:

(1) 注销原值和已提折旧:

借:固定资产清理	200 000
累计折旧	300 000
贷:固定资产	500 000

(2) 清理费:

借:固定资产清理	10 000
贷:银行存款	10 000

(3) 变价收入:

借:银行存款	5 000
贷:固定资产清理	4 350
应交税费——增值税(销项税额)	650

(4) 应收保险公司赔偿:

借:其他应收款	140 000
贷:固定资产清理	140 000

(5) 结转固定资产清理的净损失:

借:营业外支出——非常损失	65 650
贷:固定资产清理	65 650

例3 属于用固定资产向外投资业务,账务处理如下:

借:长期股权投资　　　　　　　　　　　　　　　　226 000
　　累计折旧　　　　　　　　　　　　　　　　　　　60 000
　　贷:固定资产　　　　　　　　　　　　　　　　　　　　250 000
　　　　应交税费——应交增值税(销项税额)　　　　　　　26 000
　　　　资本公积　　　　　　　　　　　　　　　　　　　　10 000

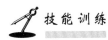 技能训练

1. 根据固定资产处置的原始凭证(图3.20~图3.24)编制记账凭证。

吉林省社会服务业统一发票

客户名称:吉林中天纺织厂　　　　　　2021年04月08日

服务项目	内容	单位	数量	收费标准	金额							备注
					万	千	百	十	元	角	分	
房屋清理		幢	1	5 000	¥	5	0	0	0	0	0	
合计人民币 (大写)			伍仟元整		¥	5	0	0	0	0	0	
单位:(盖章)			开票人:张辉			收款人:李丽						

第二联 发票联

图3.20　社会服务业统一发票

固定资产调拨单

调入单位:银龙集团

调出单位:中天纺织厂　　　　　　　　2021年04月08日

名称	规格	单位	数量	原值	已提折旧	净值	预计使用年限	调拨价格
房屋	1号厂房	幢	1	5 000 000	1 000 000	4 000 000	25	4 200 000
原安装成本					附属设备			
调拨方式		有偿			调拨原因		长期闲置	
交接人签字		调入方	李丽		调出方		谢梅	

调入单位:盖章　　　　　　　　　　　　　　　　　　调出单位:盖章

图3.21　固定资产调拨单

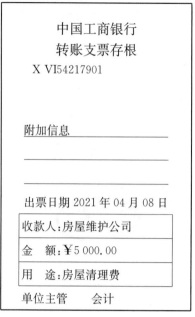

图 3.22 转账支票存根

中国工商银行进账单(收账通知)

2021年04月08日

付款人	全 称	长春银龙集团	收款人	全 称	吉林中天纺织厂
	账 号	593938086-55		账 号	680394184-89
	开户银行	工行汽车厂分行		开户银行	工行建设支行

人民币(大写)	肆佰贰拾万元整	亿 千 百 十 万 千 百 十 元 角 分
		¥ 4 2 0 0 0 0 0 0
票据种类		
票据张数	1	
单位 会计 复核 记账		收款人开户行盖章

（中国工商银行建设支行 2021.4.8 转讫）

此联是收款人开户银行交给收款人的回单或收账通知

图 3.23 进账单

中华人民共和国
税收通用缴款书

隶属关系：
注册类型：工业企业

(2012-1)吉地××××号

填发日期：2012年04月09日　　　征收机关：

缴税单位（人）	代　码	410501689740506	预算账户	编码	
	全　称	吉林中天纺织厂		名称	
	开户银行	工行建设支行		级次	
	账　号	680394184-89		收款国库	

税款所属时期：2012年04月01日至2012年04月30日　　税款限缴日期：2012年04月10日

品目名称	课税数量	计税金额或销售收入	税率或单位税额	扣除额	实缴金额
销售不动产		4 200 000.00	5%		210 000.00
金额合计	（大写）贰拾壹万元整				

缴款单位（人）（盖章）经办人（章）	税务机关（盖章）填票人（章）	上列款项已收妥并划转收款单位账户 国库（银行）盖章　　年　月　日	备注

逾期不缴按税法规定加收滞纳金。

图 3.24　税收通用缴款书

2. 根据固定资产报废的原始凭证（表 3.7，图 3.25～图 3.28）编制记账凭证。

表 3.7　固定资产报废申请单

固定资产编号：113　　　　　2021 年 05 月 10 日

固定资产名称	规格型号	单位	数量	已使用年限	预计使用年限	原值	已提折旧	清理费	残值变价收入	备注
织布机	YB-01	台	1	15	18	500 000	450 000	3 000	6 000	已提减值准备10 000
固定资产状况及报废原因					YB-01织布机已过分陈旧，性能太差，影响产品质量					

处理意见	使用部门	技术鉴定小组	固定资产管理部门	财会部门	主管部门审批
	建议报废 刘军	设备陈旧，应报废 王艳辉	建议报废 赵宇飞	建议报废 李丽丽	

吉林省社会服务业统一发票

客户名称：吉林中天纺织厂　　　　2021年05月10日

服务项目	内容	单位	数量	收费标准	金额							备注
					万	千	百	十	元	角	分	
清理织布机		台	1	5 000	￥	3	0	0	0	0	0	
合计人民币（大写）	叁仟元整				￥	3	0	0	0	0	0	

第二联　发票联

单位：（盖章）　　　　开票人：王志鹏　　　　收款人：史东

图 3.25　社会服务业统一发票

吉林省物资服务业统一票据

2021年05月10日

客户名称：吉林中天纺织厂

收购单位名称：长春市物资回收公司

回收物品名称	单 位	数 量	单 价	金 额
废钢	千克	3 000	1.00	3 000.00
废铜	千克	500	2.00	1 000.00
废铝	千克	1 000	2.00	2 000.00
合计金额				6 000.00

收购单位：　　　　付款人：王红玉　　　　开票人：沙漠

图 3.26　物资服务业统一发票

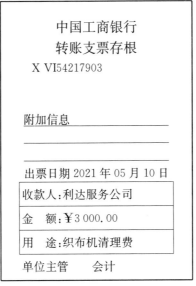

图 3.29 转账支票存根

中国工商银行进账单(收账通知)

2021 年 05 月 10 日

付款人	全 称	长春物资回收公司	收款人	全 称	吉林中天纺织厂	此联是收款人开户银行交给收款人的回单或收账通知
	账 号	593938086-55		账 号	680394184-89	
	开户银行	工行南大街分行		开户银行	工行建设支行	
人民币(大写)		陆仟元整			亿 千 百 十 万 千 百 十 元 角 分 　　　　　　　6 0 0 0 0 0	
票据种类					中国工商银行建设支行 2021.5.10 转讫	
票据张数		1				
单位　会计　复核　记账					收款人开户行盖章	

图 3.28 进账单

任务四　固定资产后续支出的核算

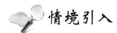

中天公司由于产品销路好,现有的生产能力已经不能满足生产需要,但新增生产线成本太高且建设期较长、不确定性因素较多,经公司管理层决定,对现有生产线进行改扩建,改扩建中会发生大量的材料费、人工费和其他费用,这些支出会计上将如何处理?

1. 理解固定资产后续支出的概念、内容。
2. 掌握固定资产后续支出的核算原则。
3. 掌握固定资产后续支出的核算方法。

例1　2021年1月1日中天公司对所持有的一条流水线进行技术改造,该流水线原值为240 000元,已提取折旧140 000元,账面价值100 000元。2021年1月1日至6月30日完成了对这条流水线的改扩建工程,共发生支出60 000元。其中,领用原材料的实际成本20 000元,应付工程人员工资10 000元,其余款项用银行存款支付。该流水线扩建后达到了预定可使用状态,大大地提高了生产能力,使产品质量明显提高,应该如何进行业务处理?

例2　中天公司对生产车间进行维修,维修过程中领用本企业一批生产用材料,价款100 000元,应支付维修人员薪酬20 000元,辅助生产为修理提供劳务10 000元,应如何进行业务处理?

为完成上述任务,需要掌握固定资产后续支出的概念、内容、核算原则以及核算方法。

一、固定资产后续支出的概念、内容

固定资产在长期的使用过程中会发生局部的磨损或损坏,影响产品的质量和生产经营的正常进行。同时,随着技术的进步,企业也有必要对现有的固定资产进行改良,以更好地发挥固定资产的使用效能,延长固定资产的使用寿命。

固定资产的后续支出是指固定资产投入使用后为了适应新技术发展的需要,或为了维护提高固定资产的使用效能等所发生的支出。

固定资产后续支出包括企业对固定资产进行维护、改建、扩建和改良等所发生的支出。

二、固定资产的后续支出的核算原则

与固定资产有关的后续支出,如果使可能流入企业的经济利益超过原来的估计,如果延长了固定资产的使用寿命,使产品质量实质性提高,使产品成本明显降低,则应当计入固定资产的账面价值,其增计金额不应超过固定资产的可收回金额。具体如下所述:

1. 符合资本化条件的,应当计入固定资产或其他资产成本,同时将被置换部分的价值扣除;

2. 不符合资本化条件的,应当计入当期损益。

三、固定资产后续支出的核算

(一)资本化的后续支出

固定资产发生可资本化的后续支出时,企业一般应将该固定资产的原值、已计提的累计折旧和减值准备转销,将固定资产的账面价值转入在建工程,并停止计提折旧。固定资产发生的可资本化的后续支出,通过"在建工程"账户核算。待更新改造完工并达到预定可使用状态时,再从"在建工程"账户转为固定资产,并按重新确定的使用寿命、预计净残值和折旧方法计提折旧。

1. 对固定资产改良时,应将账面价值转入在建工程:
借:在建工程
　　累计折旧
　　固定资产减值准备
　　　贷:固定资产
2. 改良支出:
借:在建工程
　　　贷:银行存款
　　　　　原材料
　　　　　应付职工薪酬
3. 改良中拆除设备的变价收入:
借:银行存款
　　　贷:在建工程
　　　　　应交税费——增值税(销项税额)

4. 改良后固定资产达到预定可使用状态：

借：固定资产
　　贷：在建工程

（二）费用化的后续支出

为了维持固定资产的正常运转和使用，充分发挥其使用效能，企业会对固定资产进行必要的、经常性的维护。固定资产的日常维护支出只是确保固定资产的正常工作状况，通常是不能满足固定资产的确认条件，应在发生时计入管理费用或销售费用。

借：管理费用
　　贷：银行存款
　　　　原材料
　　　　应付职工薪酬

掌握了固定资产后续支出的核算方法，针对"任务内容"部分的两个案例，进行如下分析、处理。

例1 属于资本化的后续支出，账务处理如下：

（1）2021年1月1日，固定资产转入改扩建工程：

借：在建工程	100 000
累计折旧	140 000
贷：固定资产	240 000

（2）1月1日至6月30日，发生的后续支出：

借：在建工程	60 000
贷：银行存款	20 000
原材料	20 000
应付职工薪酬	10 000

例2 属于费用化的后续支出，账务处理如下：

借：制造费用	130 000
贷：原材料	100 000
应付职工薪酬	20 000
生产成本——辅助生产成本	10 000

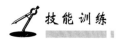

1. 根据原始凭证（表3.8、图3.29、图3.30）编制记账凭证。

表 3.8　中天纺织厂固定资产修理材料领料单

2021 年 05 月 15 日

领料单位	维修队	供货单位		2 号仓库	
材料名称	规格	单位	数量	单价	金额
电动开关		个	10	30.00	300.00
油漆		桶	2	150.00	300.00
金额合计（大写）	陆佰元整			￥600.00	

领料人：陈梅　　　　会计：王慧　　　　　　　　　仓库保管员：刘伟

吉林省维修服务业统一发票

2021 年 05 月 15 日

客户名称	中天纺织厂	维修单位名称		吉林正大设备维修有限公司
维修项目	单位	数量	单价	维修费用
生产机器	台	1	1 000.00	1 000.00
合计 人民币大写 壹仟元整				￥1 000.00

维修单位：盖章　　　　收款人：　　　　　　　开票人：王红

图 3.29　维修服务业统一发票

中国工商银行
转账支票存根
X Ⅵ54217904

附加信息 _____

_____

出票日期 2021 年 05 月 15 日

| 收款人：正大设备维修公司 |
| 金　　额：￥1 000.00 |
| 用　　途：付设备修理费 |
| 单位主管　　会计 |

图 3.30　转账支票存根

2. 中天公司三年前投产一条流水线，原建造成本为 10 000 000 元，预计使用寿命 10 年，已计提固定资产折旧 3 000 000 元。现决定对其进行技术改造，以提高生产能力。技术改造工程历时半年,共发生改造支出2 000 000元,以银行存款支付,技术改造工程完工后,流水线达到预定使用状态。改造过程中拆除的旧设备无法使用予以变卖,售出价款为80 000元。上述业务应如何进行处理?

任务五　无形资产的核算

中天公司2021年1月自行开发一项专利产品,在研究过程中发生材料费300 000元,人工费用200 000元,进入开发阶段后,发生材料费500 000元,人工费450 000元,研发成功另支付注册费300 000元。2021年12月该专利达到预定用途。上述各项费用都应计入无形资产的入账价值吗?

1. 理解无形资产的概念、内容和特点。
2. 掌握无形资产的确认条件。
3. 掌握无形资产取得、摊销、处置的核算方法。

例1　中天公司自行开发一项专利,研究阶段发生的支出包括:材料费用20 000元,人工费用10 000元,以银行存款支付其他费用5 000元;开发阶段的支出包括:材料费用50 000元,人工费用15 000元(其中30 000元符合资本化条件);申请专利过程中的支出包括专利登记费5 000元,律师费8 000元,以银行存款支付。该公司应如何进行账务处理?

例2　中天公司从外单位购入某项专利权600 000元,预计使用10年,该专利权用于产品的生产,计提每月的摊销额并进行相应的账务处理。

例3　中天公司将拥有的一项专利权出售,取得收入320 000元,增值税税率6%,该专利权的账面余额350 000元,累计摊销额100 000元,该公司应如何进行账务处理?

例4　中天公司拥有某项专利权,其账面余额100 000元,摊销期限10年,采用直线法进行摊销,已摊销5年。该无形资产不能为企业带来经济效益,应予以转销,该公司应如何进行账务处理?

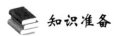

为完成上述任务,必须熟悉无形资产的概念、内容、特点,掌握无形资产的取得、摊销、处置和报废业务的核算。

一、无形资产的概念、内容、确认条件

（一）无形资产的概念及内容

无形资产是企业拥有或控制的没有实物形态的可辨认的非货币性资产,包括专利权、非专利技术、商标权、著作权、土地使用权、特许权等。

1. 专利权。是指国家专利主管机关依法授予发明创造专利申请人对其发明创造在法定期限内所享有的专有技术,它包括发明专利权、实用新型专利权和外观专利权。

2. 非专利技术。是指不为外界所知的、在生产经营活动中已采用了的、不享有法律保护的各种技术和经验。

3. 商标权。是指专门在某类指定的商品或产品上使用特定的名称或图案的权利。商标权包括独占使用权和禁止权两方面。独占使用权指商标权享有人在商标的注册范围内独家使用其商标的权利;禁止权是指商标权享有人排除和禁止他人对商标独占使用权进行侵犯的权利。

4. 著作权。又称版权,是指作者对其创作的文学、科学和艺术作品依法享有的特殊权利。

5. 土地使用权。是指国家准许某企业在一定时间内对国有土地享有开发、利用、经营的权利。

6. 特许权。又称经营特许权,是指企业在某一地区经营或销售某种特定商品的权利;或是一家企业接受另一家企业使用其商标、商号、技术秘密等权利。前者一般是由政府机关授权,准许企业使用或在一定地区享有经营某种业务的特权,如水、电、邮电通信专营权、烟草专卖权等;后者是企业间依法签订合同,一家企业有限期或无限期使用另一家企业的某些权利,如连锁店、加盟店、分店使用总店名称。

（二）无形资产的确认条件

1. 与该无形资产有关的经济利益很可能流入企业。
2. 该无形资产的成本能够可靠的计量。

二、无形资产的核算

（一）无形资产取得的核算

1. 外购的无形资产。

企业外购的无形资产,应按实际支付的价款作为其入账价值。包括无形资产的买价、进口关税、其他税费以及直接归属于使该项资产达到预定用途所发生的其他支出。

借:无形资产
　　应交税费——增值税(进项税额)

贷：银行存款
　2. 投资者投入的无形资产。
　　投资者投入的无形资产，应按合同或协议确定的价值确定初始成本，但合同或协议约定价值不公允的除外。
　　借：无形资产
　　　　贷：实收资本
　3. 自行研究开发的无形资产。
　　自行研究开发的无形资产所发生的支出分为研究阶段支出和开发阶段支出，研究阶段的支出全部费用化计入"管理费用"；开发阶段的支出符合资本化确认条件的才确认为"无形资产"，不符合资本化确认条件的计入"管理费用"；无法区分研究阶段、开发阶段支出的全部费用化计入"管理费用"。
　　自行研究开发的无形资产应通过"研发支出"账户(图 3.31)进行核算，并根据需要在该账户下设置"资本化支出"或"费用化支出"明细项目。

研发支出——资本化支出
　　　——费用化支出

实际发生的研发支出	转为无形资产和管理费用的金额
正在进行中的研究开发项目中满足资本化条件的支出	

图 3.31　"研发支出"账户

① 自行开发无形资产发生的研发支出：
借：研发支出——资本化支出
　　　　——费用化支出
　贷：原材料
　　　银行存款
　　　应付职工薪酬
② 以其他方式取得的正在研究开发的项目：
借：研发支出——资本化支出
　贷：银行存款
③ 研究开发项目达到用途形成无形资产：
借：无形资产
　贷：研发支出——资本化支出
④ 期末，将研发支出归集的费用化支出转入"管理费用"账户：
借：管理费用
　贷：研发支出——费用化支出

（二）无形资产摊销的核算

无形资产属于企业的长期资产，能在较长的时间内给企业带来经济效益。但无形资产也有一定的有效期限,其价值将随着时间的推移而消失,因此,无形资产的价值应在有效期内加以摊销。

无形资产的摊销应注意以下四点:

(1) 自使用的当月起开始按月摊销。

(2) 使用寿命有限的无形资产摊销,使用寿命不确定的无形资产不应摊销。

(3) 按合同、法律规定的有效期平均摊销。

(4) 合同法律没有规定有效期的,聘请专家认定与同行业进行比较,确定其使用寿命,按上述方法仍无法确定为企业效力年限的,则作为使用寿命不确定的无形资产。

无形资产摊销的核算应通过"累计摊销"账户(图 3.32)进行核算。

累计摊销(调整)

出售、报废转销的累计摊销额	每月计提的无形资产摊销
	现有无形资产的累计摊销额

图 3.32 "累计摊销"账户

摊销时:

借:管理费用
　　贷:累计摊销

(三) 无形资产处置的核算

无形资产的处置,主要是指对外出售、出租、对外捐赠以及不能给企业带来经济利益而予以报废转销的无形资产。

1. 无形资产的出售。

企业拥有的无形资产可以依法转让或出售,出售无形资产时,应将所得价款与该项无形资产的账面价值以及应支付的有关税费后的差额确认为当期损益。

借:银行存款
　　累计摊销
　　无形资产减值准备
　　贷:无形资产
　　　　应交税费——增值税(销项税额)
　　　　资产处置损益(或借方)

2. 无形资产的出租。

无形资产的出租是指企业将所拥有的无形资产的使用权让渡给其他单位或个人,并收取租金。企业出租无形资产所取得的收入计入"其他业务收入"账户;发生的与出租有关的各种费用支出,记入"其他业务成本"账户。无形的资产的摊余价值不必注销。

① 收到当月租金时:

借:银行存款
　　贷:其他业务收入——出租非专利技术

　　　　应交税费——增值税(销项税额)

② 支付工程师劳务费时:
借:其他业务成本
　　贷:应付职工薪酬

3. 无形资产的报废。

如果无形资产逾期不能为企业带来未来的经济利益,不再符合无形资产的定义,应将其转销。如企业的专利权超过了法律保护期限,不能再为企业带来经济利益,则应对该项专利权的账面价值予以转销。

借:累计摊销——专利权
　　营业外支出——处置无形资产损失
　　贷:无形资产——专利权

操作指南

掌握了无形资产的核算方法,针对"任务内容"部分的四个案例,进行如下分析、处理。

例1 属于自行研究开发无形资产的核算,账务处理如下:

(1) 研究阶段发生支出:

借:研发支出——费用化支出	35 000
贷:原材料	20 000
应付职工薪酬	10 000
银行存款	5 000

(2) 开发阶段发生的支出:

借:研发支出——资本化支出	30 000
——费用化支出	35 000
贷:原材料	50 000
应付职工薪酬	15 000

(3) 研发阶段结束,无形资产达到预定用途,形成无形资产:

借:无形资产	30 000
贷:研发支出——资本化支出	30 000

(4) 期末将研发支出归集的费用化支出全部转入管理费用:

借:管理费用	70 000
贷:研发支出——费用化支出	70 000

(5) 在申请专利过程中,发生的费用:

借:无形资产——专利权	13 000
贷:银行存款	13 000

例2 属于无形资产摊销的核算,账务处理如下:

　　　　每月摊销额=600 000÷10÷12=5 000(元)

借:管理费用 5 000
　　贷:累计摊销 5 000

例 3 属于无形资产处置业务,账务处理如下:
借:银行存款 339 200
　　累计摊销 100 000
　　贷:无形资产 350 000
　　　　应交税费——增值税(销项) 19 200
　　　　资产处置损益 70 000

例 4 属于无形资产报废的核算,账务处理如下:
借:累计摊销——专利权 50 000
　　营业外支出——处置无形资产损失 50 000
　　贷:无形资产——专利权 100 000

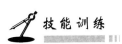

技能训练

1. 吉林中天纺织厂为一般纳税人企业,自行研究开发无形资产,这些开发支出均符合资本化条件,根据表中业务资料(表3.9、表3.10、图3.33～图3.37)编制相应的记账凭证。

表 3.9　材料领料单
2021 年 05 月 25 日

材料名称	单位	数量	单价	金额
甲材料	千克	100	100.00	10 000.00
乙材料	千克	200	50.00	10 000.00
丙材料	千克	300	200.00	60 000.00
增值税:		税率:13%		税额:10 400.00
金额合计(大写)	玖万零肆佰元整		¥90 400.00	
用途	新产品生产技术开发			

领料人:刘英海　　　　　　　　　　　　　　　　　仓库保管员:李梅

```
            中国工商银行
            转账支票存根
          ⅩⅥ54217899


        附加信息 _____
        _____

        出票日期 2021 年 05 月 28 日
        收款人:新产品生产技术研
              发部
        金  额:¥60 000.00
        用  途:付研发人员工资

        单位主管      会计
```

图 3.33 转账支票存根

表 3.10 新产品生产技术研发人员工资计算表

2021 年 05 月　　　　　　　　　　　　　　　单位:元

姓　名	工资额
赵英男	20 000.00
王智慧	15 000.00
江　宏	10 000.00
张　焕	15 000.00
合　计	60 000.00

复核:李大春　　　　　　　　　　　　　　　制表人:秦汉

国家知识产权局专利局专利权收费统一收据

国财 10024568　　　　　　　　　　　2021 年 5 月 31 日

今收到:吉林中天纺织厂	
交来:专利注册费	
金额(大写)　伍仟元整	¥5 000.00
注:专利申请号 87564213	交费日期:2021 年 5 月 31 日
收款人签章:张淑娟	收款单位:公章

图 3.34 国家知识产权局专利局专利权收费统一收据

```
            中国工商银行
            转账支票存根
  X VI54217900

  附加信息_____
  _____
  _____

  出票日期 2021 年 05 月 31 日
  | 收款人:长春市专利局 |
  | 金  额:￥5 000.00 |
  | 用  途:付专利注册费 |
  | 单位主管    会计 |
```

图 3.35　转账支票存根

吉林省行政事业收费统一收据

2021 年 05 月 31 日

客户名称	吉林中天纺织厂		收费单位		长春律师事务所
服务项目	单位	收费标准	评估价	数量	律师费
专利保护	项	2%	500 000.00	1	10 000.00
合计 人民币(大写)　壹万元整					￥10 000.00
支付方式					转账

收费单位:盖章　　　　　　　　　　　　　　　经办人:李红

图 3.36　行政事业收费统一收据

```
            中国工商银行
            转账支票存根
  X VI54217901

  附加信息_____
  _____
  _____

  出票日期 2021 年 05 月 31 日
  | 收款人:长春律师事务所 |
  | 金  额:￥10 000.00 |
  | 用  途:付律师费 |
  | 单位主管    会计 |
```

图 3.37　转账支票存根

2. 中天纺织厂无形资产摊销价值如表 3.11 所示,根据表中资料编制相应的记账凭证。

表 3.11　无形资产摊销计算表
2021 年 06 月

项　目	入账价值	摊销期	每月摊销额
甲专利权	900 000.00	15 年	5 000.00
乙专利权	480 000.00	10 年	4 000.00
丁商标权	240 000.00	10 年	2 000.00
合　计	1 620 000.00	—	11 000.00

3. 中天纺织厂出售 B 专利权,根据相应资料(图 3.38、图 3.39、表 3.12)编制记账凭证。

图 3.38　专利统一发票

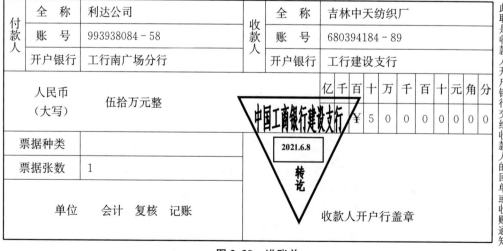

图 3.39　进账单

表 3.12 出售无形资产价值情况表

2021 年 06 月 08 日　　　　　　　　　　　　　　　　　　　　单位:元

项目	原值	累计摊销	已提减值准备
B 专利权	600 000.00	50 000.00	20 000.00
合计	600 000.00	50 000.00	20 000.00

复核:李晶　　　　　　　　　　　　　　　　　　　　　　　制表:李丽萍

项目四 交易性金融资产的核算

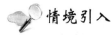 **情境引入**

企业为了提高闲置资金的使用效果,可以从证券市场购入股票短期持有,等股价上涨时就售出以赚取差价。李丽所在的公司也购入了一些股票,打算短期持有,这些股票会计上应怎样进行处理?

 学习目标

1. 理解交易性金融资产的概念,掌握交易性金融资产的确认。
2. 掌握交易性金融资产的核算所设置的账户。
3. 掌握交易性金融资产的核算方法。

 任务内容

例1 2021年4月1日,中天公司从证券市场购入B公司的普通股股票5 000股,每股买入价20元,计100 000元,其中含有B公司已宣告发放但尚未支取的现金股利5 000元,另支付交易费用1 000元,全部以银行存款支付。中天公司将其划分为交易性金融资产,应如何进行账务处理?

例2 2021年6月30日,中天公司所持有的B公司股票公允价值为90 000元,中天公司确认公允价值变动损益,应如何进行账务处理?

例3 2021年7月1日,中天公司将上述B公司股票全部出售,售价为100 000元,存入银行,应如何进行账务处理?

 知识准备

为完成上述任务,需要了解交易性金融资产的概念,掌握交易性金融资产的核算方法。

一、交易性金融资产的概念

交易性金融资产主要是指企业为了近期内出售而持有的金融资产,如企业以赚取差价为目的,从二级市场购入的股票、债券、基金等。

二、交易性金融资产的确认条件

金融资产满足下列条件之一,应当确认为交易性金融资产:

1. 取得该金融资产只要是为了近期内出售或回购的,比如企业以赚取差价为目的,从二级市场购入的股票、债券、基金等。
2. 属于进行集中管理的可辨认金融工具组合的一部分,且有客观证据表明企业近期采用短期获利方式对该组合进行管理。
3. 属于衍生工具。但是被指定为有效的套期工具的衍生工具、属于财务担保合同的衍生工具,与在活跃市场没有报价且其公允价值不能可靠计量的权益工具投资挂钩,并需通过交付该权益工具结算的衍生工具除外。

三、交易性金融资产的核算

(一)交易性金融资产的核算所设置的账户

交易性金融资产的核算需设置"交易性金融资产"、"公允价值变动损益"和"投资收益"账户来进行核算。

"交易性金融资产"账户(图 4.1)核算企业为交易目的所持有的债券投资、股票投资、基金投资等交易性金融资产的公允价值。

交易性金融资产(资产)

取得的交易性金融资产成本 资产负债表日其公允价值高于账面价值的差额	出售交易性金融资产时结转的成本 出售交易性金融资产时公允价值变动损益的结转(也可能在借方) 资产负债表日其公允价值低于账面价值的差额
企业持有的交易性金融资产的公允价值	

图 4.1 "交易性金融资产"账户

"公允价值变动损益"账户(图 4.2)核算企业交易性金融资产等公允价值变动而形成的应计入当期损益的利得或损失。

公允价值变动损益(损益)

资产负债表日企业持有的交易性金融资产公允价值低于账面余额的差额 期末转入"本年利润"的公允价值变动收益	资产负债表日企业持有的交易性金融资产公允价值高于账面余额的差额 期末转入"本年利润"的公允价值变动损失
	结转后无余额

图 4.2 "公允价值变动损益"账户

"投资收益"账户(图 4.3)核算企业持有交易性金融资产等期间取得的投资收益以及处置交易性金融资产等实现的投资收益或投资损失。

投资收益(损益)

企业投资时发生的投资损失	投资时实现的投资收益
期末结转入"本年利润"的净收益	期末结转"本年利润"的净损失
	期末结转后无余额

图 4.3 "投资收益"账户

(二)交易性金融资产的核算

1. 企业取得交易性金融资产,按其公允价值,借记"交易性金融资产"账户;按发生的相关交易费用,借记"投资收益"账户;按已宣告但尚未领取的现金股利或已到付息期尚未领取的利息,借记"应收股利"或"应收利息"账户;按实际支付的价款,贷记"银行存款"账户。

借:交易性金融资产——成本
　　投资收益(交易费用)
　　应收股利(已宣告尚未发放的现金股利)/应收利息(已宣告尚未支付的利息)
　贷:银行存款

2. 企业持有交易性金融资产期间被投资单位宣告发放的现金股利或利息,应计入当期损益,计入"投资收益"账户。

借:应收股利(或应收利息)
　贷:投资收益

3. 资产负债表日,交易性金融资产的公允价值与账面价值的差额计入当期损益。公允价值高于其账面价值的差额,借记"交易性金融资产——公允价值变动"账户,贷记"公允价值变动损益"账户。

借:交易性金融资产——公允价值变动
　贷:公允价值变动损益

4. 资产负债表日,交易性金融资产的公允价值低于其账面价值的差额。

借:公允价值变动损益
　贷:交易性金融资产——公允价值变动

5. 出售交易性金融资产时:

借:银行存款(收到的款项)
　贷:交易性金融资产——成本
　　　　　　　　　　——公允价值变动(也可能在借方)
　　投资收益(借贷差额)

同时,

借:公允价值变动损益(如果为发生的损失就借贷方反做)
　　贷:投资收益

 操作指南

掌握了交易性金融资产的核算方法,针对"任务内容"部分的三个案例,进行如下分析、处理。

例1 属于交易性金融资产取得业务,应作如下业务处理:

(1)购入股票时:

借:交易性金融资产——成本	95 000
投资收益(交易费用)	1 000
应收股利	5 000
贷:银行存款	101 000

(2)收到银行收款通知,收到 B 公司发放的现金股利时:

借:银行存款	5 000
贷:应收股利	5 000

例2 属于公允价值变动业务,应作如下业务处理:

借:公允价值变动损益	5 000
贷:交易性金融资产——公允价值变动	5 000

例3 属于交易性金融资产的处置业务,应作如下业务处理:

借:银行存款	100 000
借:交易性金融资产——公允价值变动	5000
贷:交易性金融资产——成本	95 000
投资收益	10000

同时,

借:投资收益	5 000
贷:公允价值变动损益	5 000

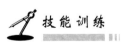 技能训练

1.中天公司购买未包含已宣告但尚未发放现金股利的电力股份股票20 000股,准备近期出售,请根据下列原始凭证(图4.4)编制记账凭证。

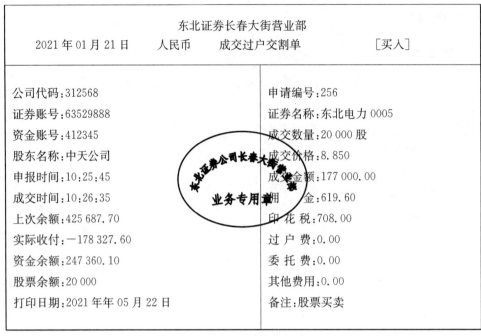

图 4.4 成交过户交割单

2. 吉林机电设备有限公司购买包含已宣告但尚未发放现金股利的欧亚集团股份有限公司股票 5 000 股，准备近期出售，请根据下列原始凭证(图 4.5)编制记账凭证。

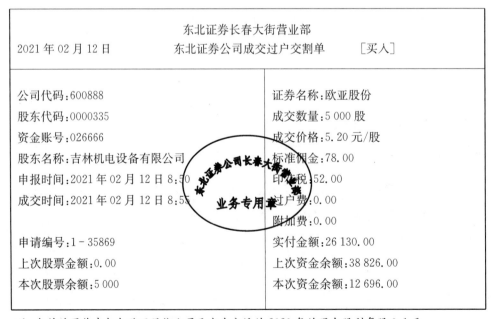

注：支付的买价中包含欧亚股份公司已宣告分派的 2020 年的现金股利每股 0.1 元。

图 4.5 东北证券公司成交过户交割单

3. 吉林机电设备有限公司收到欧亚股份公司分派的现金股利,请根据下列原始凭证(图4.6、图4.7)编制记账凭证。

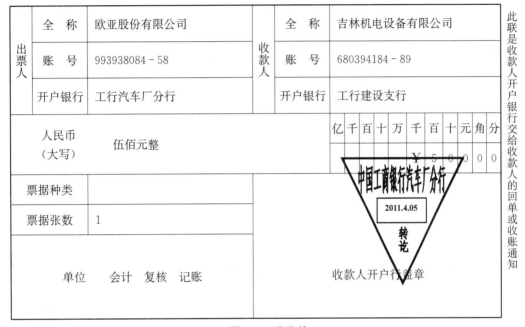

图 4.6 进账单

图 4.7 收款收据

4. 中天公司出售东北电力股票 10 000 股,请根据下列原始凭证(图 4.8)编制记账凭证。

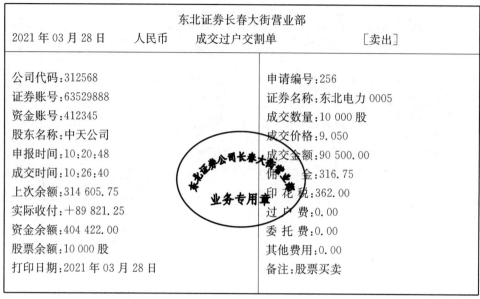

图 4.8 成交过户交割单

5. 综合题

(1) 中天公司为利用闲置资金于 2021 年 2 月 5 日以银行存款从证券市场购入 B 公司股票 20 000 股,每股价格 9 元,以备近期出售,同时以银行存款支付交易费用 5 000 元;1 月 20 日 B 公司已宣告发放现金股利 0.10 元/股,准备于 2 月 28 日支付,应如何进行账务处理?

(2) 2021 年 12 月 31 日,中天公司持有的 B 公司股票公允价值为 170 000 元,中天公司确认公允价值变动损益,该如何进行账务处理?

(3) 承前例,假定 2022 年 1 月 5 日,中天公司将上年 2 月 5 日购入的 B 公司股票 20 000 股全部出售,售价为 190 000 元,取得价款存入银行,应如何进行账务处理?

项目五
职工薪酬的核算

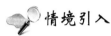

产品成本包括三大项:料、工、费。人工成本是产品成本的重要组成部分,所以职工薪酬岗位是企业重要的会计岗位。那么,职工薪酬的核算到底涉及哪些业务呢?

1. 理解职工薪酬的概念、内容。
2. 掌握职工薪酬的核算。

例1 7月末,中天公司根据本月"工资结算汇总表"(表5.1)进行本月工资费用分配,应如何进行账务处理?

表5.1 工资结算汇总表

单位:元

部门		计时工资	计件工资	奖金	加班工资	津贴	缺勤扣款	应付工资	代垫款		代扣款			实发工资
									水电费	家属医疗费	"三险"个人缴纳部分	住房公积金	个人所得税	
生产车间	生产工人	10 000	16 000	800	1 000	300	100	28 000	150	200	1 450	2 800	50	22 900
	管理人员	4 100		500	300	150	50	5 000	100		260	500		4 240
厂部		4 000		300		200		4 500	80		234	450	150	3 666
专设销售机构		5 200		800		500		6 500	120		332	650	100	5 418
在建工程人员		11 000		400	250	400	50	12 000	100		620	1 200	200	9 980

续表

部门	计时工资	计件工资	奖金	加班工资	津贴	缺勤扣款	应付工资	代垫款	代扣款		实发工资
研究开发人员	1 200		500	200	100		2 000	50	104	200	1 696
合计	35 500	16 000	3 300	1 750	1 650	200	58 000	600	200	3 000	5 800	500	47 900

例 2 7月末,中天公司根据本月"工资结算汇总表"中的应付工资栏的 25% 计提当月应缴纳的各种社会保险费,应如何进行账务处理?

例 3 7月末,中天公司根据本月"工资结算汇总表"中的应付工资栏的 10% 计提当月应缴纳的住房公积金,应如何进行账务处理?

例 4 中天公司为一家彩电生产企业,共有职工 200 名,2021 年 2 月,公司以其生产的每台成本为 1 000 元的电视机作为福利发放给公司职工。该型号电视机的售价为每台 1 400 元,适用增值税率 13%。假定公司职工中 170 名为直接参加生产的人员,30 名为行政管理人员。该公司此项职工福利应如何进行账务处理?

例 5 中天公司决定为公司副总经理租赁一套公寓以供其免费使用;同时给每个部门经理提供轿车免费使用,该公司有 3 名副总经理,15 名部门经理。如果每套公寓租金为 8 000 元/月,每辆轿车月折旧额为 2 000 元,那么该公司应如何进行账务处理?

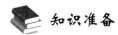
知识准备

为完成上述任务,应了解职工薪酬的概念、内容,掌握职工薪酬的核算方法。

一、职工薪酬的概念、内容

职工薪酬是指企业为获得职工提供的服务根据有关规定应付给职工的各种薪酬。包括职工工资、奖金、津贴和补贴,职工福利费,医疗、养老、失业、工伤、生育等社会保险费,住房公积金,工会经费、职工教育经费,非货币性福利和其他因为职工提供服务而产生的义务。

职工薪酬主要包括以下内容:

(1) 职工工资、奖金、津贴和补贴,是指按照国家统计局《关于工资总额组成的规定》,构成工资总额的计时工资、计件工资、为了补偿职工额外的或特殊的体力消耗额外支付给职工的津贴以及为了保证职工工资水平不受物价影响支付给职工的物价补贴。

(2) 职工福利费,是指企业内设医务室、理发室、职工食堂等集体福利机构人员的工资、医务经费,职工因工负伤赴外地就医路费、职工生活困难补助以及按照国家规定开支的其他职工福利支出。

(3) 医疗保险费、养老保险费、失业保险费、工伤保险费和生育保险费,是指企业按照国家规定的基准和比例计算,向社会保险经办机构缴纳的医疗保险费、养老保险费、失业保险费、工伤保险费和生育保险费。

(4) 住房公积金,是指按照国务院《住房公积金管理条例》规定的基准和比例计算,向住房公积金管理机构缴存的住房公积金。

(5) 工会经费和职工教育经费,是指企业为了改善职工文化生活、提高职工业务素质用于开展工会活动和职工教育及职业技能培训,根据国家规定的基准和比例从成本费用中提取的金额。

(6) 非货币性福利,是指企业以自产的产品或其他有形资产发放给职工作为福利、企业提供给职工无偿使用自己拥有的资产或租赁资产供职工无偿使用和为职工无偿提供服务等。

(7) 其他职工薪酬,如因解除与职工的劳动关系给予的补偿,也叫辞退福利。

二、职工薪酬的核算

为核算职工薪酬业务,应通过"应付职工薪酬"账户(图 5.1)进行核算,并根据业务需要在"应付职工薪酬"账户下设"工资"、"职工福利"、"社会保险费"、"住房公积金"、"工会经费"、"职工教育经费"、"非货币性福利"等明细账户进行核算。

应付职工薪酬(负债)

实际支付的职工薪酬	分配计入成本费用中的职工薪酬
	应付未付的职工薪酬

图 5.1 "应付职工薪酬"账户

1. 分配职工薪酬:
借:生产成本——基本生产成本
　　　　——辅助生产成本
　　管理费用
　　制造费用
　　贷:应付职工薪酬——工资

2. 实际支付职工薪酬:
借:应付职工薪酬——工资
　　贷:库存现金

3. 结转代垫、代扣款:
借:应付职工薪酬——工资
　　贷:其他应收款(代垫)
　　　　其他应付款(代扣)

4. 计提的工会经费和职工教育经费:
借:生产成本——基本生产成本

　　　　　　——辅助生产成本
　　　管理费用
　　　制造费用
　　　　贷：应付职工薪酬——工会经费
　　　　　　　　　　　　——职工教育经费
　5. 缴纳的工会经费和职工教育经费：
　　借：应付职工薪酬——工会经费
　　　　　　　　　　——职工教育经费
　　　　贷：银行存款
　6. 计提的住房公积金：
　　借：生产成本——基本生产成本
　　　　　　　——辅助生产成本
　　　管理费用
　　　制造费用
　　　　贷：应付职工薪酬——住房公积金
　7. 计提的社会保险费：
　　借：生产成本——基本生产成本
　　　　　　　——辅助生产成本
　　　管理费用
　　　制造费用
　　　　贷：应付职工薪酬——社会保险费
　8. 以自产产品作为职工薪酬发放给职工，应当根据受益对象计入相关资产成本或当期损益，同时确认应付职工薪酬，另外视作销售，确认主营业务收入并结转销售成本。
　① 按受益部门确认：
　　借：生产成本
　　　　制造费用
　　　　管理费用
　　　　贷：应付职工薪酬——非货币性福利
　② 实际发放时：
　　借：应付职工薪酬——非货币性福利
　　　　贷：主营业务收入
　　　　　　应交税费——增值税（销项税额）
　③ 结转成本：
　　借：主营业务成本
　　　　贷：库存商品
　9. 将企业拥有的房屋无偿提供给职工使用的，应当根据受益对象将该住房每期应计提的折旧计入相关资产成本或当期损益，同时确认应付职工薪酬。

借:管理费用
　　制造费用
　　贷:应付职工薪酬——非货币性福利
同时,
借:应付职工薪酬——非货币性福利
　　贷:累计折旧

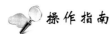操作指南

掌握了职工薪酬的核算方法,我们来对"任务内容"部分的五个案例,进行如下分析、处理。

例1 属于工资费用的分配,应作如下业务处理:

借:生产成本　　　　　　　　　　　　　　　　　　　28 000
　　制造费用　　　　　　　　　　　　　　　　　　　 5 000
　　管理费用　　　　　　　　　　　　　　　　　　　 4 500
　　销售费用　　　　　　　　　　　　　　　　　　　 6 500
　　在建工程　　　　　　　　　　　　　　　　　　　12 000
　　研发支出　　　　　　　　　　　　　　　　　　　 2 000
　　贷:应付职工薪酬——工资　　　　　　　　　　　58 000

例2 属于计提各种社会保险费业务,应作如下账务处理:

借:生产成本　　　　　　　　　　　　　　　　　　　 7 000
　　制造费用　　　　　　　　　　　　　　　　　　　 1 250
　　管理费用　　　　　　　　　　　　　　　　　　　 1 125
　　销售费用　　　　　　　　　　　　　　　　　　　 1 625
　　在建工程　　　　　　　　　　　　　　　　　　　 3 000
　　研发支出　　　　　　　　　　　　　　　　　　　 500
　　贷:应付职工薪酬——社会保险费　　　　　　　　14 500

例3 属于计提住房公积金业务,应作如下账务处理:

借:生产成本　　　　　　　　　　　　　　　　　　　 2 800
　　制造费用　　　　　　　　　　　　　　　　　　　 500
　　管理费用　　　　　　　　　　　　　　　　　　　 450
　　销售费用　　　　　　　　　　　　　　　　　　　 650
　　在建工程　　　　　　　　　　　　　　　　　　　 1 200
　　研发支出　　　　　　　　　　　　　　　　　　　 200
　　贷:应付职工薪酬——住房公积金　　　　　　　　 5 800

例4 属于以自产产品作为职工薪酬发放职工业务,应作如下账务处理:

电视机增值税销项税额 = $170 \times 1\,400 \times 13\% + 30 \times 1\,400 \times 13\%$
　　　　　　　　　　 = $30\,940 + 5\,460$
　　　　　　　　　　 = $36\,400(元)$

借:生产成本 268 940
　　管理费用 47 460
　　　贷:应付职工薪酬 316 400
借:应付职工薪酬 316 400
　　贷:主营业务收入 280 000
　　　　应交税费——应交增值税(销项税额) 36 400
借:主营业务成本 200 000
　　贷:库存商品 200 000

例5 属于将资产无偿提供给职工使用业务,应作如下账务处理:

1. 计提轿车折旧时:

借:管理费用 30 000
　　贷:应付职工薪酬 30 000
借:应付职工薪酬 30 000
　　贷:累计折旧 30 000

2. 确认公寓租金费用时:

借:管理费用 24 000
　　贷:应付职工薪酬 24 000

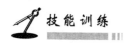
技能训练

1. 请根据下列原始凭证(图5.2,表5.2～表5.5)分配职工工资、单位"三险"计提、工会经费计提、职工教育经费计提,并编制相应的记账凭证。

中国工商银行
转账支票存根
X Ⅵ54217910

附加信息

出票日期 2021 年 06 月 30 日
收款人:吉林中天纺织厂
金　额:￥292 128.00
用　途:支付工资
单位主管:李刚　会计:王红

图5.2　转账支票存根

表 5.2　工资结算汇总表

2021 年 06 月　　　　　　　　　　　　　　　　　　　　　　　　　　　　　　　单位:元

部门	基本工资	岗位津贴	奖金	生活补贴	夜班津贴	缺勤扣款 病假	缺勤扣款 事假	应付工资	代扣款项 养老保险	代扣款项 医疗保险	代扣款项 失业保险	代扣款项 个人所得税	实发工资
生产工人	84 100	4 600	4 100	9 200	3 800	200		105 600	8 448	2 112	1 056	907	93 077
车间管理人员	40 900	3 400	3 200	6 600			50	54 050	4 324	1 081	540.5		48 104.5
蒸汽车间	12 700	1 200	1 200	2 400	300			17 800	1 424	356	178		15 842
机修车间	14 700	1 400	1 400	1 900	50			19 450	1 556	389	194.5		17 310.5
厂部管理人员	48 000	3 000	3 000	6 000				60 000	4 800	1 200	600	524	52 876
销售部门人员	24 000	1 500	1 500	3 000				30 000	2 400	600	300	52	26 648
在建工程	35 000	2 000	2 000	4 000				43 000	3 440	860	430		38 270
合计	259 400	17 100	16 400	33 100	4 150	200	50	329 900	26 392	6 598	3 299	1 483	292 128

表 5.3　工会经费、职工教育经费计算表

2021 年 06 月 30 日　　　　　　　　　　　　　　　　　　　　　　　　　　　　单位:元

部门		应付工资总额	工会经费(2%)	职工教育经费(2.5%)	合计
一车间	甲产品				
	乙产品				
	小计	105 600			
	车间管理人员	54 050			
蒸汽车间		17 800			
机修车间		19 450			
厂部管理人员		60 000			
销售部门人员		30 000			
在建工程人员		43 000			
合计		329 900			

复核:李丽　　　　　　　　　　　　　　　　　　　　　　　　　　制表:张宏

表 5.4　养老保险金、医疗保险金、失业保险金计算表

2021 年 06 月 30 日　　　　　　　　　　　　　　　　　　　　　单位:元

部　门		应付工资总额	养老保险金（10%）	医疗保险金（5%）	失业保险金（1%）	合计
一生产车间	甲产品					
	乙产品					
	小　计	105 600				
	管理人员	54 050				
蒸汽车间		17 800				
机修车间		19 450				
厂部管理人员		60 000				
销售部门人员		30 000				
在建工程人员		43 000				
合　计		329 900				

复核:李丽　　　　　　　　　　　　　　　　　　　　　　　　制表:张宏

表 5.5　生产工人工资分配表

部门产品名称		分配标准(工时)	分配率	分配金额(元)
一生产车间	甲产品	9 500		
	乙产品	6 000		
	小　计	15 500		105 600

主管:王军　　　　　　　审核:李丽　　　　　　　制表:张宏

2. 请根据下列原始凭证(图 5.3～图 5.6),划转养老保险金、医疗保险金、失业保险金,并编制相应的记账凭证。

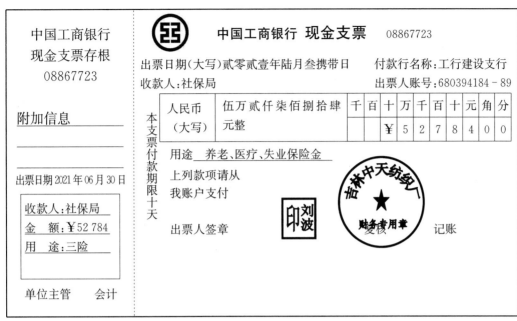

图 5.3 转账支票

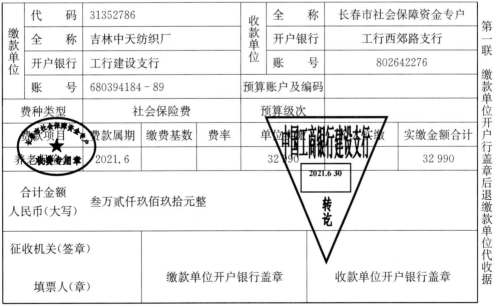

图 5.4 财政性资金通用缴款书

长春市财政性资金通用缴款书

征收机关：长春市社保局　　　　　　　　　　2021 年 06 月 30 日

缴款单位	代　码	31352786			收款单位	全　称	长春市社会保障资金专户	
	全　称	吉林中天纺织厂				开户银行	工行西郊路支行	
	开户银行	工行建设支行				账　号	802642276	
	账　号	680394184-89			预算账户及编码			
费种类型	社会保险费			预算级次				
费款项目	费款属期	缴费基数	费率	单位实缴	个人实缴	实缴金额合计		
养老保险金	2021.6			16 495		16 495		
合计金额 人民币(大写)	壹万陆仟肆佰玖拾伍元整							
征收机关(签章)								
填票人(章)		缴款单位开户银行盖章			收款单位开户银行盖章			

图 5.5　财政性资金通用缴款书

长春市财政性资金通用缴款书

征收机关：长春市社保局　　　　　　　　　　2021 年 06 月 30 日

缴款单位	代　码	31352786			收款单位	全　称	长春市社会保障资金专户	
	全　称	吉林中天纺织厂				开户银行	工行西郊路支行	
	开户银行	工行建设支行				账　号	802642276	
	账　号	680394184-89			预算账户及编码			
费种类型	社会保险费			预算级次				
费款项目	费款属期	缴费基数	费率	单位实缴	个人实缴	实缴金额合计		
养老保险金	2021.6			3 299		3 299		
合计金额 人民币(大写)	叁仟贰佰玖拾玖元整							
征收机关(签章)								
填票人(章)		缴款单位开户银行盖章			收款单位开户银行盖章			

图 5.6　财政性资金通用缴款书

3. 长虹公司为一家生产家电的一般纳税人企业,增值税适用税率13%,经董事会决定给每位职工发放一台彩电作为春节福利,长虹公司各部门职工人员及彩电资料如表5.6、表5.7所示,请根据相关资料作出相应的账务处理并编制相应的记账凭证。

表5.6 各部门人员构成情况表

部　　门	人　　数(人)
生产工人	120
车间管理人员	10
行政管理人员	20
合　　计	150

表5.7 彩电资料

产品名称	生产成本(元/台)	销售价格(元/台)
长虹彩电	3 500	5 000

项目六 往来款项的核算

任务一至任务四是应收款项的核算。

任务一 应收账款的核算

 情境引入

李丽所在公司账面上存在大量的应收账款,如果不能及时收回,很可能造成资金链断裂,影响企业的资金周转,甚至破产。李丽向财务科长提出建议:应尽快收回应收账款,减少企业的经营风险。

 学习目标

1. 理解应收账款的概念。
2. 掌握应收账款入账价值的确认。
3. 掌握应收账款的核算方法。

 任务内容

例1 中天公司向胜利公司销售一批服装,售价金额为20 000元,由于是批量销售,中天公司给予10%的商业折扣,折扣金额为2 000元,适用的增值税税率为13%,根据以上业务资料编制相应的记账凭证。

例2 中天公司在2021年10月1日,销售一批服装,增值税发票上注明售价100 000元,增值税额13 000元。公司为了及早收回货款在合同中规定现金折扣条件为3/10、2/20、n/30,中天公司于10月8日收到货款,假定计算现金折扣时不考虑增值税,根据以上业务资料编制相应的记账凭证。

 知识准备

为完成上述任务,需要了解应收账款的概念,掌握应收账款入账价值的确认以及应收账款的核算方法。

一、应收账款的概念

应收账款是指企业销售商品、提供劳务应向购货单位或接受劳务供应单位收取的款项。它属于经营活动形成的债权,包括代垫的运杂费。

二、应收账款入账价值的确认

1. 一般情况下,按实际发生额入账。
2. 在销货折扣的情况下,有商业折扣和现金折扣两种:
(1) 商业折扣:企业根据市场的供需状况或针对不同的客户,给予买方在商品标价上的扣除,交易发生当时已经确认,不在双方账上反映,应收账款按扣除折扣后的实际售价确认。
(2) 现金折扣:债权人为了鼓励债务人在规定的期限内早日付款,债权人给予债务人的债务扣除,交易发生时,现金折扣不能确定,按总价法入账。至于给客户的现金折扣,作为理财费用。

三、应收账款的核算

为了反映应收账款的增减变动及结存情况,企业应设置"应收账款"账户(图6.1)。

应收账款(资产)	
应收账款的增加	应收账款的收回及确认的坏账损失
尚未收回的应收账款	

图 6.1 "应收账款"账户

1. 应收账款发生和收回的核算:
(1) 发生时:
借:应收账款
　　贷:主营业务收入
　　　　应交税费——应交增值税(销项税额)
　　　　银行存款
(2) 收回时:
借:银行存款
　　贷:应收账款
2. 在有商业折扣的情况下(企业应按扣除商业折扣后的实际售价确定应收账款的入账价值):

借：应收账款
　　贷：主营业务收入
　　　　应交税费——应交增值税（销项税额）

3. 在有现金折扣的情况下（应收账款的入账价值不考虑可能发生的现金折扣，按照未扣除的总价入账，在折扣实际发生时，将现金折扣视为理财费用）：

（1）按总售价确认收入时：

借：应收账款
　　贷：主营业务收入
　　　　应交税费——应交增值税（销项税额）

（2）如买方在折扣期限内付款：

借：银行存款
　　财务费用
　　贷：应收账款

掌握了应收账款的核算方法，针对"任务内容"部分的两个案例，进行如下分析、处理。

例1 属于附有商业折扣的应收账款的核算业务，应作如下账务处理：

借：应收账款——胜利公司　　　　　　　　　　　　　　　20 340
　　贷：主营业务收入　　　　　　　　　　　　　　　　　　18 000
　　　　应交税费——应交增值税（销项税额）　　　　　　　2 340

例2 属于附有现金折扣应收账款核算业务，应作如下账务处理：

（1）销售实现时，应按总售价确认收入。

借：应收账款　　　　　　　　　　　　　　　　　　　　　113 000
　　贷：主营业务收入　　　　　　　　　　　　　　　　　　100 000
　　　　应交税费——应交增值税（销项税额）　　　　　　　13 000

（2）10月8日买方付清货款，则按售价10万元的3％享受3 000元的现金折扣，实际付款110 000元。

借：银行存款　　　　　　　　　　　　　　　　　　　　　110 000
　　财务费用　　　　　　　　　　　　　　　　　　　　　　3 000
　　贷：应收账款　　　　　　　　　　　　　　　　　　　　11 300

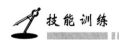

1. 中天纺织厂委托银行收取货款，天津棉纺织有限公司以商业汇票抵偿货款（图6.2、图6.3），根据下列原始凭证编制相应的记账凭证。

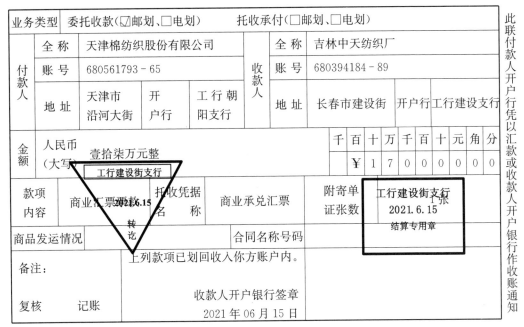

图 6.2　托收凭证

商业承兑汇票

2021 年 06 月 15 日　　　　　　　　　　　　　汇票号码 1015342

付款人	全　称	天津棉纺织股份有限公司	收款人	全　称	吉林中天纺织厂										
	账　号	680561793-65		账　号	680394184-89										
	开户银行	工行朝阳支行		开户银行	工行建设支行										
出票金额	人民币（大写）	壹拾柒万元整				亿	千	百	十	万	千	百	十	元	角	分
								¥	1	7	0	0	0	0	0	0
汇票到期日（大写）	贰零贰壹年玖月拾伍日		付款人开户行	行号	2156										
交易合同号	00501			地址	天津市沿河大街 109 号										
			备注：												
			承兑人人签章												

图 6.3　商业承兑汇票

2. 中天纺织厂以转账方式收回前欠货款,根据下列原始凭证(图 6.4)编制相应的记账凭证。

中国工商银行进账单（收账通知）

2021 年 06 月 20 日

图 6.4　进账单

3. 中天纺织厂以托收承付方式收取货款，根据下列原始凭证（图 6.5）编制相应的记账凭证。

托收凭证（汇款依据或收款通知）

2021 年 06 月 09 日　　付款期限 2021 年 6 月 23 日

业务类型	委托收款(☑邮划、□电划)　　托收承付(□邮划、□电划)					
付款人	全称	辽宁鞍山棉纺织厂	收款人	全称	吉林中天纺织厂	
	账号	680561793-65		账号	680394184-89	
	地址	鞍山市上海路	开户行	工行朝阳支行	地址	长春市建设街	开户行	工行建设支行
金额	人民币（大写）	伍拾万元整		￥500000.00		
款项内容	货款	托收凭据名称	增值税专用发票 运费发票等	附寄单证张数	2 张	
商品发运情况	2021.6.23		合同名称号码			
备注：	上列款项已划回收入你方账户内。					
复核　　记账	收款人开户银行签章　2021 年 6 月 23 日					

图 6.5　托收凭证

4. 中天公司于2021年11月15日向丁公司销售一批产品,增值税专用发票注明售价为200 000元,增值税为26 000元,款项尚未收到。现金折扣条件为2/10、1/20、N/30(假设现金折扣时不考虑增值税),如买方11月20日付款和11月28日付款,根据以上业务资料编制相应的记账凭证。

任务二　坏账的核算

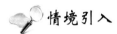情境引入

中天公司应收甲公司账款500 000元,年底公司得知甲公司由于意外水灾导致资产严重损失,陷入严重的财务困难,导致短期内无法偿还该笔账款,根据甲公司目前的经营状况,请分析中天公司应该作出怎样的会计处理?

学习目标

1. 理解坏账、坏账损失的概念。
2. 掌握坏账的确认条件。
3. 掌握坏账的核算方法。

任务内容

例　中天公司2020年开始以备抵法核算坏账损失,该年末应收账款余额1 000 000元,坏账准备的提取比例0.5‰。公司2021年发生坏账损失4 200元,其中红兴公司3 000元、长安公司1 200元,年末应收账款余额2 000 000元。公司2022年4月20日收到上年已核销的长安公司1 200元,年末应收账款余额1 500 000元,根据以上业务资料编制相应的记账凭证。

知识准备

为完成上述任务,需了解坏账、坏账损失的概念及坏账损失的确认条件,掌握坏账的核算方法。

一、坏账及坏账损失的确认

坏账是指企业无法收回的应收账款。
坏账损失是指由于发生坏账而产生的损失。
企业应于会计期末对应收账款进行检查,具体分析各项应收账款金额的大小、信用

期限、债务人的信誉和当时的经营情况等因素,确定各项应收账款的可收回性,预计可能产生的坏账损失。

一般来讲,企业应收账款符合下列条件之一的,应确认为坏账:

(1) 因债务人破产或死亡,以其破产财产或遗产偿债后,确实不能收回。

(2) 因债务单位撤销、资不抵债或现金流量严重不足,确实不能收回。

(3) 因发生严重的自然灾害等导致债务单位停产而在短时间内无法偿付债务,确实无法收回。

(4) 债务人较长时期未履行偿债义务,并有足够证据表明无法收回或收回可能性极小。

小 贴 士

对已确认为坏账的应收账款,并不意味着企业放弃其追索权,一旦重新收回,应及时入账。

二、坏账损失的核算

(一) 计提坏账准备的方法

计提坏账准备的方法有账龄分析法、应收账款余额百分比法、销货百分比法。具体采用何种方法,由企业根据实际情况自行选择,并报有关部门备案,一经确定,不得随意变更。

1. 账龄分析法:是根据应收账款账龄的长短来估计坏账的方法,账龄越长,发生坏账的可能性就越大。

2. 应收账款余额百分比法:是按照应收账款的余额的百分比来估计坏账损失,采用这种方法,事先应根据本企业过去的经验和现在的具体情况,确定一个综合的坏账损失百分比,然后用这个百分比乘以应收账款账面余额,即可求得每期应计提的坏账准备数额。

3. 销货百分比法:是以赊销金额的一定百分比作为估计的坏账损失,当期赊销业务越多,产生坏账的损失就越大。

(二) 坏账损失的核算

按照现行制度规定,企业的坏账损失应采用备抵法进行核算。

备抵法是指按其估计坏账损失,形成坏账准备,当应收账款确认为坏账时,冲销坏账准备,同时转销应收账款。

某年应提取的坏账准备=该年年末"应收账款"余额×提取比例±提取前"坏账准备"账户的余额

☆ 注意

① 提取前"坏账准备"账户借方余额,表示本年坏账准备金超支,应多提取弥补,公式

中用"+"号。

② 提取前"坏账准备"账户贷方余额,表示本年坏账准备金结余,可少提一些,公式中用"-"号。

③ 计算结果若是正数,为应提坏账准备数;若为负数,冲销多提的坏账准备数。

采用备抵法的企业应设置"资产减值损失"和"坏账准备"账户对坏账损失进行核算。"资产减值损失"账户(图 6.6)属损益类,主要用于核算企业计提各项减值准备所形成的损失。

资产减值损失(损益类)

计提的各项资产减值准备	计提减值准备后相关资产价值的恢复金额及期末结转到本年利润账户的金额
期末一般没有余额	

图 6.6 "资产减值损失"账户

"坏账准备"账户属资产类账户(图 6.7),是"应收账款"账户的备抵账户,用于核算企业的应收账款计提的坏账准备金额。

坏账准备(应收账款的备抵账户)

确认坏账损失和冲销多提的坏账准备	计提的坏账准备及收回确认并转销的坏账损失
坏账准备的超支数	已提未用的坏账准备数

图 6.7 "坏账准备"账户

(1)提取坏账准备时:
借:资产减值损失
　　贷:坏账准备
(2)发生坏账损失时:
借:坏账准备
　　贷:应收账款
(3)已确认并转销的坏账损失,以后又收回的:
借:应收账款
　　贷:坏账准备
借:银行存款
　　贷:应收账款
(4)冲销多提坏账准备:
借:坏账准备
　　贷:资产减值损失

 操作指南

掌握了坏账的核算方法,针对"任务内容"部分的案例,进行如下分析、处理。

例 属于坏账损失业务,应作如下账务处理:

(1) 2020年计提坏账准备时:

借:资产减值损失　　　　　　　　　　　　　　　　　　　5 000
　　贷:坏账准备　　　　　　　　　　　　　　　　　　　　　　5 000

发生坏账损失时:

借:坏账准备　　　　　　　　　　　　　　　　　　　　　4 200
　　贷:应收账款——红兴公司　　　　　　　　　　　　　　　　3 000
　　　　　　——长安公司　　　　　　　　　　　　　　　　　　1 200

(2) 2021年末计提坏账准备时:

　　　应提坏账准备＝2 000 000×0.5％－(5 000－4 200)＝9 200(元)

借:资产减值损失　　　　　　　　　　　　　　　　　　　9 200
　　贷:坏账准备　　　　　　　　　　　　　　　　　　　　　　9 200

收回已核销的坏账时:

借:应收账款——长安公司　　　　　　　　　　　　　　　1 200
　　贷:坏账准备　　　　　　　　　　　　　　　　　　　　　　1 200

借:银行存款　　　　　　　　　　　　　　　　　　　　　1 200
　　贷:应收账款——长安公司　　　　　　　　　　　　　　　　1 200

(3) 2022年末计提坏账准备时:

　　　应提坏账准备＝1 500 000×0.5％－11 200＝－3 700(元)

借:坏账准备　　　　　　　　　　　　　　　　　　　　　3 700
　　贷:资产减值损失　　　　　　　　　　　　　　　　　　　　3 700

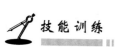 技能训练

中天公司从2019年开始计提坏账准备。2019年末,该公司应收账款余额850 000元,提取坏账准备的比例5％,2020年5月,中天公司发现黄河公司所欠货款12 000元无法收回,确认为坏账。2020年末,中天公司应收账款余额1 500 000元。2021年9月5日,接银行通知,公司上年已核销的12 000元坏账又收回,2021年末,中天公司应收账款余额1 600 000元,请根据所发生的业务作出各年的会计处理(要求写出计算过程)。

任务三　应收票据的核算

情境引入

注册会计师任静在审查长虹公司2021年12月31日应收票据项目时,发现该公司开具的2021年12月20日已到期的带息商业承兑汇票100万元,长虹公司不仅未按规定将

到期的应收票据转入应收账款,而且还在年末按票面利率计提了应收利息。这种做法是否正确?为什么?

学习目标

1. 理解应收票据的概念,了解应收票据的种类。
2. 掌握贴现的概念及贴现息、贴现额的计算。
3. 掌握应收票据的核算方法。

任务内容

例1 中天公司销售一批服装给兴华公司,价款20 000元,增值税2 600元,兴华公司交给中天公司一张不带息三个月到期的商业承兑汇票,面额26 600元,根据以上业务资料编制中天公司的记账凭证。

例2 中天公司于2021年3月1日销售一批服装给黄河公司,货已发出,专用发票注明的价款200 000元,增值税26 000元。收到黄河公司交来的商业承兑汇票一张,期限6个月,票面利率5%,根据以上业务资料编制中天公司的记账凭证。

例3 中天公司于2021年4月1日将2月1日收到的由兴华公司开出并承兑的面值为200 000元、年利率为8%、5月1日到期的商业承兑汇票向银行贴现,贴现率为10%,假设该企业与票据承兑企业在同一票据交换区域内,请根据以上业务资料进行贴现息、贴现额的计算,并根据结果作出相应的会计处理。

知识准备

为完成上述任务,需要了解应收票据的有关概念,掌握应收票据的核算方法。

一、应收票据的概念

应收票据是指企业因销售商品或提供劳务而收到的商业汇票。

应收票据作为商业信用工具,受到法律保护,无论在付款时限还是金额上,都具有法律上的约束力,因而可以转让和流通。

二、应收票据的种类和计价

(一) 应收票据的种类

企业持有的商业汇票,按承兑人不同,分为商业承兑汇票和银行承兑汇票;按是否计息,分为不带息商业汇票和带息商业汇票。

（二）应收票据的计价

应收票据应按其面值计价，即企业收到应收票据时，按照票据的票面价值入账。对于带息的应收票据，应于到期时按应收票据的票面价值和确定的利率计算利息，在收到时计入当期损益。

三、应收票据的核算

为了正确核算应收票据的取得和收回情况，企业应设置"应收票据"账户（图6.8）。

应收票据（资产类）	
收到已承兑的汇票金额及分期计提的票据利息	到期收款的汇票金额、对方到期无力付款而被退票的金额、背书转让的汇票金额和向银行贴现的汇票金额
持有的尚未到期收款的汇票金额	

图6.8 "应收票据"账户

（一）不带息应收票据的核算

1. 因销售商品或提供劳务而收到对方开具的商业汇票：
借：应收票据
　　贷：主营业务收入
　　　　应交税费——应交增值税（销项税额）
2. 因债务人抵偿前欠货款而收到的商业汇票：
借：应收票据
　　贷：应收账款
3. 汇票到期收回票款：
借：银行存款
　　贷：应收票据
4. 汇票到期承兑人无力付款：
借：应收账款
　　贷：应收票据

 小 贴 士

如果持有的未到期应收票据，有确凿证据证明不能收回，应将其账面余额转入应收账款，并计提相应的坏账准备。

5. 因采购材料将商业汇票背书转让：
借：原材料

应交税费——应交增值税（进项税额）
　　　贷：应收票据

（二）带息应收票据的核算

企业收到带息应收票据，除按上述方法进行核算外，还应按应收票据的票面价值和确定的利率计算票据利息，并在收到时列为当期损益，计入"财务费用"账户。

1. 因销售商品或提供劳务而收到对方开具的带息商业汇票：
借：应收票据
　　贷：主营业务收入
　　　应交税费——应交增值税（销项税额）

2. 因债务人抵偿前欠货款而收到的商业汇票：
借：应收票据
　　贷：应收账款

3. 计提利息
借：应收票据
　　贷：财务费用

4. 汇票到期收回票款：
借：银行存款
　　贷：应收票据（票面价值＋利息）

5. 汇票到期承兑人无力付款：
借：应收账款
　　贷：应收票据（票面价值＋利息）

（三）应收票据的贴现

1. 贴现的相关概念：

贴现指持票人将未到期的商业汇票背书后转让给银行，银行受理后将票据的到期值扣除贴现息，将余额支付给贴现人的行为，其实质是抵押贷款。

贴现期指贴现日到汇票到期日这段时间，可以按月也可以按日表示，一般以天数表示，按实际日历日数确定，算头不算尾，但按银行规定，承兑人在异地的应另加三天的划款时间。

2. 贴现的有关计算：

$$贴现息＝票据到期值×贴现率×贴现期$$
$$贴现额＝票据到期值－贴现息$$

3. 贴现的处理：

① 不带息的应收票据贴现：
借：银行存款
　　财务费用

贷:应收票据
② 带息的应收票据贴现:
贴现所得大于票面金额时:
借:银行存款
　　贷:应收票据
　　　　财务费用
贴现所得小于票面金额时:
借:银行存款
　　财务费用
　　贷:应收票据
☆ 注意
① 如果贴现的商业承兑汇票到期,承兑人的银行账户不足支付,银行将已贴现的票据退回申请贴现的企业,同时从贴现企业的账户中将票据款划回。此时,贴现企业应按所付票据本息,借记"应收账款"账户,贷记"银行存款"账户。
② 如果申请贴现企业的银行存款账户余额不足,银行将作为逾期贷款处理,贴现企业应借记"应收账款"账户,贷记"短期借款"账户。

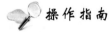 操作指南

掌握了应收票据的核算方法,针对"任务"部分的三个案例,进行如下分析、处理。
例1　属于不带息应收票据业务,应作如下账务处理:
(1) 收到商业汇票时:
借:应收票据　　　　　　　　　　　　　　　　　　　　　22 600
　　贷:主营业务收入　　　　　　　　　　　　　　　　　　20 000
　　　　应交税费——应交增值税(销项税额)　　　　　　　2 600
(2) 如果该票据到期,中天公司收回款项 22 600 元存入银行:
借:银行存款　　　　　　　　　　　　　　　　　　　　　22 600
　　贷:应收票据　　　　　　　　　　　　　　　　　　　　22 600
如果该票据到期,兴华公司无力支付票款:
借:应收账款　　　　　　　　　　　　　　　　　　　　　22 600
　　贷:应收票据　　　　　　　　　　　　　　　　　　　　22 600
例2　属于带息应收票据业务,应作如下账务处理:
(1) 收到票据时:
借:应收票据　　　　　　　　　　　　　　　　　　　　　226 000
　　贷:主营业务收入　　　　　　　　　　　　　　　　　　200 000
　　　　应交税费——应交增值税(销项税额)　　　　　　　26 000
(2) 票据到期收回款项时:
　　　　收款金额=226 000+226 000×5‰×6/12=231 650(元)

借:银行存款 231 650
　　贷:应收票据 226 000
　　　　财务费用 5 650

例3 属于带息票据贴现业务,应作如下账务处理:

带息票据到期值=200 000×(1+8%×90/360)=204 000(元)
贴现利息=204 000×10%×30/360=1 700(元)
贴现所得=204 000-1 700=202 300(元)

借:银行存款 202 300
　　贷:应收票据 200 000
　　　　财务费用 2 300

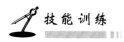
技能训练

1. 中天纺织厂委托银行收取货款,天津棉纺织股份有限公司以商业汇票抵偿货款,根据下列原始凭证(图 6.9、图 6.10)编制相应的记账凭证。

托收凭证(汇款依据或收款通知)

2021年06月09日　　付款期限 2021年06月15日

业务类型	委托收款(☑邮划、□电划)		托收承付(□邮划、□电划)		
付款人	全称	天津棉纺织股份有限公司	收款人	全称	吉林中天纺织厂
	账号	680561793-65		账号	680394184-89
	地址	天津市沿河大街	开户行	工行朝阳支行	地址	长春市建设街	开户行	工行建设支行
金额	人民币(大写)	壹拾柒万元整		千百十万千百十元角分 ￥1 7 0 0 0 0 0 0	
款项内容	商业汇票票款	托收凭证名称	商业承兑汇票	附寄单证张数	1张
商品发运情况			合同名称号码		
备注:复核　　记账	上列款项已划回收入你方账户内。收款人开户银行签章 2021年6月15日				

(盖章:工行建设街支行 2021.6.15 转讫)
(盖章:工行建设街支行 2021.6.15 结算专用章)

此联付款人开户行凭以汇款或收款人开户银行作收账通知

图 6.9 托收凭证

商业承兑汇票

贰零贰壹年玖月拾伍日　　　　　　　　　　　汇票号码 1016541

付款人	全　称	天津棉纺织股份有限公司	收款人	全　称	吉林中天纺织厂
	账　号	680561793－65		账　号	680394184－89
	开户银行	工行朝阳支行		开户银行	工行建设支行

出票金额	人民币（大写）：壹拾柒万元整	亿 千 百 十 万 千 百 十 元 角 分　¥ 1 7 0 0 0 0 0 0

汇票到期日（大写）	贰零壹贰年玖月拾伍日	付款人开户行	行号	2156
交易合同号	00501		地址	天津市沿河大街109号
		备注：		
		承兑人签章		

此联持票人开户行随托收凭证寄付款人开户行作为借方凭证附件

图 6.10　商业承兑汇票

2. 中天公司 2021 年 10 月 1 日销售一批产品给兴华公司，货已发出，增值税专用发票注明的价款是 300 000 元，增值税为 39 000 元，同时收到兴华公司交来的商业汇票一张，期限 6 个月，票面利率 6%。要求对 2021 年 10 月 1 日销售产品收到票据、2021 年 12 月 31 日计提应收票据利息和 2022 年 4 月 1 日票据到期收回款项的账务处理。

3. 中天公司因急需资金，于 2021 年 6 月 8 日将一张 5 月 8 日签发、4 个月期限、票面价值 30 000 元的不带息商业汇票向银行贴现，贴现率 10%，请您计算贴现息、贴现额并作出相应的账务处理。

任务四　预付账款和其他应收款的核算

情境引入

中天公司以银行存款为职工家属垫付医药费 5 000 元，这笔垫付的款项企业应收回来，能否通过应收账款或应收票据核算？为什么？

学习目标

1. 理解其他应收款的概念，掌握其他应收款的核算内容和核算方法。
2. 理解预付账款的概念，掌握预付账款的核算方法。

任务内容

例1 中天公司从乙公司购入一批商品,价款1 000 000元,增值税是130 000元,双方约定中天公司预付50%的价款,待收货后再补付余下的货款,根据以上业务资料编制相应的记账凭证。

例2 中天公司租入一批包装物,以银行存款支付包装物押金3 000元,根据以上业务资料编制相应的记账凭证。

知识准备

为完成上述任务,需要了解预付账款、其他应收款的概念以及其他应收款包括的内容,掌握预付账款和其他应收款的核算方法。

一、预付账款的核算

(一)预付账款的概念

预付账款是指企业按照购货合同的规定,预先支付给供货单位的款项。

(二)预付账款的核算

为了反映和监督预付账款的增减变动情况,企业应设置"预付账款"账户(图6.11)。

预付账款(资产类)

预付货款和补付货款数	收到所购货物及退回多付的款项
实际预付数	尚未补付数

图6.11 "预付账款"账户

1. 根据合同向供应单位预付款项时:
借:预付账款
　　贷:银行存款
2. 收到所购货物时:
借:原材料
　　应交税费——应交增值税(进项税额)
　　贷:预付账款
3. 当预付货款小于采购货物所需支付的款项时,应将不足部分补付:
借:预付账款
　　贷:银行存款
4. 当预付货款大于采购货物所需支付的款项时,对收回的多余款项:
借:银行存款

贷:预付账款
　5. 若预付账款无望收回所购货物,应将其转入其他应收款,并计提相应的坏账准备:
　借:其他应收款——预付账款转入
　　贷:预付账款

二、其他应收款的核算

(一)其他应收款的概念和内容

1. 其他应收款,是指企业发生的非商品交易活动的应收债权。
2. 核算内容包括"三金"、"三款"、"一转入"。
① "三金",包括应收租金、备用金、存出保证金。
② "三款",包括赔款和罚款、为职工的垫付款、其他应收暂付款。
③ "一转入",包括预付账款的转入。

(二)其他应收款的核算

1. 借备用金时:
借:其他应收款
　　贷:库存现金
2. 存出保证金:
借:其他应收款——存出保证金
　　贷:银行存款
3. 为职工垫付款(医药费):
借:其他应收款——××
　　贷:银行存款
4. 从下月工资中扣款时:
借:应付职工薪酬——工资
　　贷:其他应收款——××

操作指南

　　掌握了预付账款和其他应收款的核算方法,针对"任务内容"部分的两个案例,进行如下分析、处理。
　　例1 属于预付账款发生业务,应作如下账务处理:
预付货款时:
借:预付账款　　　　　　　　　　　　　　　　　　　　　　　500 000
　　贷:银行存款　　　　　　　　　　　　　　　　　　　　　　　　500 000

2. 收到所购货物时:

借:库存商品　　　　　　　　　　　　　　　　　　　　　　　　1 000 000
　　应交税费——应交增值税(进项税额)　　　　　　　　　　　　130 000
　　　贷:预付账款　　　　　　　　　　　　　　　　　　　　　　　　　　　1 130 000

3. 补付货款时:

借:预付账款　　　　　　　　　　　　　　　　　　　　　　　　　630 000
　　　贷:银行存款　　　　　　　　　　　　　　　　　　　　　　　　　　　　630 000

例 2 属于其他应收款发生业务,应作如下账务处理:

借:其他应收款——存出保证金　　　　　　　　　　　　　　　　3 000
　　　贷:银行存款　　　　　　　　　　　　　　　　　　　　　　　　　　　　3 000

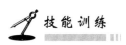
技能训练

1. 吉林中天纺织厂向天津棉纺织有限公司预付购货款,根据以下业务资料(图6.12)编制相应的记账凭证。

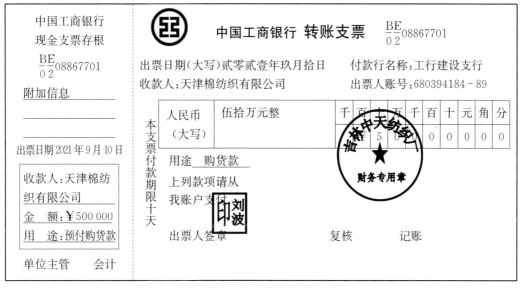

图 6.12　转账支票

2. 根据合同约定,天津棉纺织有限公司向中天纺织厂发出 B 材料,中天纺织厂此前已预付货款金额 500 000 元,剩余货款以转账支票结清,根据以下业务资料(图6.13~图6.15)编制相应原记账凭证。

增值税专用发票

开票日期:2021 年 02 月 26 日

购货单位	名称:吉林中天纺织厂 纳税人识别号:410501689740506 地址、电话:建设街 290 号 开户行及账号:工行建设支行 680394184-89	密码区	40〈＋6＋14//295/81-283/ 加密版本:01 ＊〈81＊＋0736788/〉06059〉 4100054170 907〈813266＊26〈6＋61-〉＋ 00792147 3〈1〉*-〈9＋5/6〉1〉3/〉〉29

货物或应税劳务名称	规格型号	单位	数量	单价	金额	税率	税额
纯棉纱		千克	1 000	500.00	500 000	13%	65 000
合　计					500 000		65 000

价税合计(大写)	伍拾陆万伍仟元整	(小写)¥565 000.00

销货单位	名称:天津市棉纺织股份有限公司 纳税人识别号:201586793847688 地址、电话:天津市沿河大街 109 号 79628471 开户行及账号:工行朝阳支行 680561793-65	备注	

收款人:　　　　复核:　　　　开票人:　　　　销货单位(盖章):

图 6.13　增值税专用发票

收　料　单

供应单位:天津市棉纺织股份有限公司　　　　材料账户　　编号:
发票号码:　　　　2021 年 09 月 15 日　　　　材料类别　　仓库:

材料编号	名称	规格	计量单位	数量		实际成本				
				应收	实收	买价		运杂费	其他	合计
						单价	金额			
	B 材料		千克	1 000	1 000	500	500 000			500 000

记账:　　　　采购员:　　　　收料:　　　　制单:

图 6.14　收料单

图 6.15 转账支票

3. 中天公司用银行存款代职工张师傅垫付应由其个人承担的医药费 3 000 元,拟从其下月工资中扣除,要求作出垫付医药费和从下月中扣款的账务处理,并编制相应的记账凭证。

任务五至任务九是应付款项的核算。

任务五 应付账款的核算

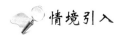 情境引入

企业采购原材料,大多数情况下都不会立即付款,可能要推迟一段时间再付款,这就形成了一项债务——应付账款。那么,会计如何核算这类业务呢?

 学习目标

1. 理解应付账款的概念。
2. 掌握应付账款入账时间和入账价值的确定。
3. 掌握应付账款的核算。

 任务内容

例 1 中天公司从长虹股份公司购入一批原材料,发票上注明价款 30 000 元,增值

税3 900元,原材料运到并验收入库,款项尚未支付,根据以上业务资料编制相应的记账凭证。

例2 2021年7月5日中天公司从光明公司购入一批材料,价款20 000元,增值税2 600元,材料已验收入库,付款条件为2/10、1/20、N/30,假定中天公司分别于2021年7月10日、7月21日和8月7日支付款项,计算现金折扣时考虑进项税额,根据以上业务资料编制相应的记账凭证。

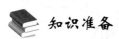

为完成上述任务,需要了解应付账款的概念、入账时间以及入账金额的确定,掌握应付账款的核算方法。

一、应付账款的概念

应付账款是指企业因购买材料、商品或接受劳务供应等而应支付给供应单位、但尚未支付的款项,是企业由于赊购行为而产生的一项应付债务。

二、应付账款入账时间的确定

应以所购货物的所有权转移为标志,在实际工作中应根据具体情况区别处理:
1. 在货物和发票账单同时到达的情况下,应于货物入库后,按发票账单登记入账。
2. 在货物已到、发票账单未到的情况下,月末估价入账,下月初用红字冲销,待收到发票账单时,按应付账款的实际金额入账。

三、应付账款入账金额的确定

应付账款一般按到期应付金额入账,如果应付账款含有现金折扣,入账金额的确定一般有以下两种方法:
1. 总价法:企业收到发票账单时,按发票上记载的金额入账,在折扣期限内付款获得的现金折扣冲减财务费用。
2. 净价法:按应付账款扣除折扣后的净价款入账,我国会计实务中一般要求采用总价法核算。

四、应付账款的核算

企业应设置"应付账款"账户(图6.16),用于核算企业因购买材料、商品和接受劳务供应等而应支付给供应单位的款项。

应付账款(负债类)	
偿还的应付账款	应付未付的款项
	尚未支付的应付账款

图 6.16 "应付账款"账户

1. 购入材料、商品,货款未付:
借:原材料(库存商品)
　　应交税费——应交增值税(进项税额)
　　贷:应付账款
2. 支付应付款:
借:应付账款
　　贷:银行存款
3. 企业开出商业汇票抵付应付账款:
借:应付账款
　　贷:应付票据
4. 附有现金折扣的应付账款,在付款时:
借:应付账款
　　贷:银行存款
　　　　财务费用
5. 确实无法支付的应付账款:
借:应付账款
　　贷:营业外收入

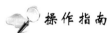 操作指南

掌握了应付账款的核算方法,针对"任务内容"部分的两个案例,进行如下分析、处理。

例1 属于应付账款发生业务,应作如下账务处理:
借:原材料　　　　　　　　　　　　　　　　　　　　　　　　　30 000
　　应交税费——应交增值税(进项税额)　　　　　　　　　　　　3 900
　　贷:应付账款——长虹公司　　　　　　　　　　　　　　　　　33 900

例2 属于附有现金折扣的应付账款业务,应作如下账务处理:
(1) 7月5日购进材料时:
借:原材料　　　　　　　　　　　　　　　　　　　　　　　　　20 000
　　应交税费——应交增值税(进项税额)　　　　　　　　　　　　2 600
　　贷:应付账款——光明公司　　　　　　　　　　　　　　　　　22 600
(2) 7月10日支付款项时:
借:应付账款——光明公司　　　　　　　　　　　　　　　　　　22 600

    贷:银行存款 22 148
      财务费用 452
 (3) 7月21日支付款项时:
   借:应付账款——光明公司 22 600
    贷:银行存款 22 374
      财务费用 226
 (4) 8月7日支付款项时:
   借:应付账款——光明公司 22 600
    贷:银行存款 22 600

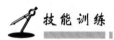

1. 中天纺织厂向天津棉纺织股份有限公司赊购材料,根据以下业务资料(图6.17、图6.18)编制相应的记账凭证。

天津增值税专用发票

开票日期:2021年04月26日

购货单位	名称:吉林中天纺织厂 纳税人识别号:410501689740506 地址、电话:建设街290号 开户行及账号:680394184-89	密码区	10〈+6+14//295/81-283/ *〈81*+0736025/〉06059〉 907〈813266*26〈6+61-〉+ 3〈1〉*-〈9+5/6〉1〉3/〉〉29	加密版本:01 4100054170 00792147
货物或应税劳务名称	规格型号	单位	数量	单价	金额	税率	税额
纯棉纱		千克	500	60.00	30 000	13%	3 900
合 计					30 000		3 900
价税合计(大写)	叁万叁仟玖佰元整			(小写)¥33 900.00			
销货单位	名称:天津市棉纺织股份有限公司 纳税人识别号:201586793847688 地址、电话:天津市沿河大街109号 79628471 开户行及账号:工行朝阳支行 680561793-65	备注					

收款人:××× 复核:××× 开票人:陈新 销货单位:(章)

图6.17 增值税专用发票

原材料入库单

供应单位：　　　　　　　　　　　　　　　　编　号：
发票号码：　　　　　　2021年07月25日　　　材料类别：原材料

材料编号	名　称	规格	计量单位	数量		实际成本					第二联记账
				应收	实收	买价		运杂费	其他	合计	
						单价	金额				
	纯棉纱		千克	500	500	60.00	30 000			30 000	

收料人：张晓　　供应部门负责人：王康　　保管：赵明　　经手人：王玲

图6.18　原材料入库单

2. 吉林中天纺织厂因北京棉纺织有限公司发生非常事故而无法支付前欠货款，根据以下业务资料（图6.19）编制相应的记账凭证。

报　告

在我单位应付账款余额中，有8 000元系欠北京棉纺织厂购货款，因该公司经营不善破产，确实无法支付，特申请批准转作营业外收入。

　　同意转账　　　　　　　　　　　　报告人：李英丽
　　厂长：刘波　　　　　　　　　　　2021年12月30日

图6.19　报告

任务六　应付票据的核算

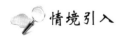 情境引入

2021年11月1日，中天公司向长运工厂购进一批B材料，取得增值税专用发票上注明的原材料价款200 000元，增值税税额26 000元，发票等结算凭证已收到，材料验收入库，中天公司开出一张金额为226 000元、三个月的不带息商业承兑汇票。中天公司应如何处理该笔业务？

学习目标

1. 理解应付票据的概念。
2. 掌握应付票据的核算方法。

任务内容

例 中天公司 2021 年 4 月 30 日向南京虹光公司购进丁材料,取得增值税专用发票注明的价款 100 000 元,增值税 13 000 元,发票等结算凭证单据已收到,材料验收入库,同时开出一张金额为 113 000 元、期限 3 个月、票面利率为 5% 的商业承兑汇票。2021 年 7 月 31 日票据到期,企业无力支付票款,中天公司应如何进行账务处理?

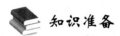

为完成上述任务,需要了解应付票据的概念,掌握应付票据的核算方法。

一、应付票据的概念

应付票据是指企业购买材料、商品和接受劳务供应等开出承兑的商业汇票,包括商业承兑汇票和银行承兑汇票。

二、应付票据的核算

为了反映和监督应付票据的发生和偿付业务,企业应设置"应付票据"账户(图 6.20)。

应付票据(负债类)

到期支付的应付票据本息	增加的应付票据及计提的利息
	持有尚未到期的应付票据本息

图 6.20 "交付票据"账户

1. 企业购买材料、商品开出商业承兑汇票时:
借:原材料(库存商品)
　　应交税费——应交增值税(进项税额)
　　贷:应付票据
2. 企业开出商业汇票抵付原欠货款:
借:应付账款
　　贷:应付票据
3. 企业开出承兑的商业汇票(如为带息票据,应于期末计算应付利息):
借:财务费用
　　贷:应付票据
4. 应付票据到期付款:
① 不带息票据:
借:应付票据

贷:银行存款
② 带息票据:
借:应付票据
　　财务费用(未计提的利息)
　　　贷:银行存款
5. 到期无力付款:
① 对于商业承兑汇票:
借:应付票据
　　财务费用(未计提的利息)
　　　贷:应付账款
② 对于银行承兑汇票:
借:应付票据
　　财务费用(未计提的利息)
　　　贷:短期借款

操作指南

掌握了交付票据的核算方法,针对"任务内容"部分的案例,进行如下分析、处理。

例　属于应付票据发生业务,由于到期无力支付货款,应作如下业务处理:

(1) 4月30日购入材料时:

借:原材料——丁材料	100 000
应交税费——应交增值税(进项税额)	13 000
贷:应付票据	113 000

(2) 5月和6月分别计提利息时:

借:财务费用	470.83
贷:应付票据	470.83

(3) 7月31日票据到期,企业无力支付票款时:

借:应付票据	113 941.66
财务费用	470.83
贷:应付账款——南京虹光公司	114 412.49

技能训练

1. 吉林中天纺织厂以转账支票支付前欠鞍山棉纺织厂货款,根据以下业务资料(图6.21)编制相应的记账凭证。

```
                中国工商银行
                转账支票存根
        X VI54217915


        附加信息
        _____
        _____

        出票日期 2021 年 09 月 30 日
        收款人：鞍山棉纺织厂
        金　额：￥20 000.00
        用　途：支付前欠货款
        单位主管：李刚　会计：王红
```

图 6.21　转账支票存根

2. 吉林中天纺织厂以商业承兑汇票抵偿天津棉纺织股份有限公司的货款，根据以下业务资料（图 6.22、图 6.23）编制相应的记账凭证。

托收凭证（汇款依据或收款通知）

2021 年 09 月 25 日　　　　付款期限 2021 年 09 月 25 日

	业务类型	委托收款（☑邮划、□电划）		托收承付（□邮划、□电划）										
付款人	全称	吉林中天纺织厂			收款人	全称	天津棉纺织股份有限公司							
	账号	680394184-89				账号	680561793-65							
	地址	长春市建设街	开户行	工行建设支行		地址	天津市沿河大街	开户行	工行朝阳支行					
金额	人民币（大写）	叁万伍仟壹佰元整					千	百	十	万	千	百	十	元	角	分
									￥	3	5	1	0	0	0	0
款项内容		商业汇票票款	托收凭据名称	商业承兑汇票			附寄单证张数	1张						
商品发运情况				合同名称号码										
备注：		上列款项已划回收入你方账户内。												
复核　　记账			收款人开户银行签章 2021 年 09 月 25 日											

此联付款人开户行凭以汇款或收款人开户银行作收账通知

图 6.22　托收凭证

商业承兑汇票

2021年07月15日　　　　　　　　　汇票号码

付款人	全称	吉林中天纺织厂	收款人	全称	天津棉纺织股份有限公司
	账号	680394184-89		账号	680561793-65
	开户银行	工行建设支行		开户银行	工行朝阳支行

出票金额	人民币：（大写）叁万伍仟壹佰元整	亿千百十万千百十元角分 ¥ 3 5 1 0 0 0 0

汇票到期日（大写）	贰零贰壹年拾月拾伍日	付款人开户行	行号	2156
交易合同号码	00501		地址	长春建设街109号

此联持票人开户行随托收凭证寄付款人开户行作为借方凭证附件

承兑人人签章　　　备注：

图 6.23　商业承兑汇票

任务七　预收账款的核算

 **情境引入**

2021年11月1日，中天公司收到长运工厂预交的材料款200 000元，11月10日中天公司向长运工厂销售产品，售价200 000元，增值税销项税额26 000元，并收到长运工厂交来的余款，款项存入银行，中天公司应如何处理该笔业务？

 学习目标

1. 理解预收账款的概念。
2. 掌握预收账款的核算方法。

任务内容

例　2021年7月20日中天公司与海阳公司签订销售合同，价款800 000元，增值税104 000元，合同规定购货方海阳公司需预付全部款项的40%，余下的60%货款待收到货物后再行支付，7月20日收到海阳公司交来的预付款、7月25日向海阳公司发运商品和收到海阳公司补付的货款时，中天公司应如何进行账务处理？

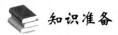 知识准备

为完成上述任务,需要了解预收账款的概念,掌握预收账款的核算方法。

一、预收账款的概念

预收账款是企业按照合同规定,向购货单位预收的款项。它是购销双方协议商定,在销货方没有提供商品的情况下,预先收取一部分货款而产生的一项负债,需要以后用商品、劳务等偿付。

二、预收账款核算

企业应设置"预收账款"账户(图 6.24),反映预收账款的发生和结清等变动情况。

预收账款(负债类)

销售产品的价款和退回多收的余款	预收的货款和购货单位补付的货款
	尚未发出商品或提供劳务的预收款

图 6.24 "预收账款"账户

具体核算方法如下:

1. 预收时:
借:银行存款
　　贷:预收账款

2. 发出产品、销售实现时:
借:预收账款
　　贷:主营业务收入
　　　　应交税费——应交增值税(销项税额)

3. 收到购货单位补付的货款时:
借:银行存款
　　贷:预收账款

4. 退回多收的余款时:
借:预收账款
　　贷:银行存款

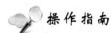 操作指南

掌握了预收账款的核算方法,针对"任务内容"部分的案例,进行如下分析、处理。

例 属于预收款业务,应作如下账务处理:

(1) 收到海阳公司交来预付款时:

```
借：银行存款                                        361 600
    贷：预收账款——海阳公司                           361 600
(2) 按合同规定向海阳公司发出商品，销售业务实现时：
借：预收账款——海阳公司                              904 000
    贷：主营业务收入                                 800 000
        应交税费——应交增值税（销项税额）              104 000
(3) 收到海阳公司剩余货款时：
借：银行存款                                         42 400
    贷：预收账款——大阳公司                            42 400
```

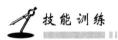

吉林中天纺织厂预收华北棉纺厂购货款，根据以下业务资料（图 6.25、图 6.26）编制相应的记账凭证。

收 款 收 据

2021 年 06 月 24 日

交款单位：华北棉纺厂
交　　来：预付货款
人民币（大写）：陆拾万元整　　　　￥600 000.00
收款单位：吉林中天纺织厂
会计主管：方卉　　　　收款：李梅

图 6.25　收款收据

中国工商银行　电汇凭证（收账通知）

委托日期 2021 年 06 月 24 日　　　　　　　　第 1206024 号

出票人	全　　称	华北棉纺厂	收款人	全　　称	吉林中天纺织厂	此联是汇出银行给汇款单位的回单
	账　　号	780264593-56		账　　号	68394184-89	
	汇出地点	石家庄中山路6328574		汇入地点	长春建设街290号	
	汇出行名称	石家庄工行中山分行		汇入行名称	工行建设支行	

金额	人民币（大写）	陆拾万元整	亿 千 百 十 万 千 百 十 元 角 分
			￥6 0 0 0 0 0 0 0

汇款用途：纯棉布　西服布　　　　　附加信息及用途：

上列款项请在本人的账户内支付，并按照汇兑
结算规定汇给收款人。

　　　　　　　　　　　　　　　　　复核　　　　　　　记账

汇出行签章

图 6.26　电汇凭证

任务八　应付股利和应付利息的核算

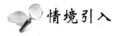

2021年1月1日,中天公司向工商银行借入6个月的贷款1 000 000元,年利率5%,按月预提利息,到期一次还本付息。根据以上业务资料对中天公司取得借款、按月计提利息和到期还本付息作会计处理。

1. 理解应付股利的概念,掌握应付股利的核算。
2. 理解应付利息的概念,掌握应付利息的核算。

例　中天公司由甲、乙两个股东共同投资设立,投资额分别占注册资本的40%和60%,2020年度该公司实现净利润8 000 000元,经过股东大会批准,决定2021年度分配股利5 000 000元,股利通过银行存款方式支付,如何进行账务处理?

为完成上述任务,需要了解应付股利和应付利息的概念,掌握应付股利和应付利息的核算方法。

一、应付股利

（一）应付股利的概念

应付股利是指根据股东大会或类似机构审议批准的利润分配方案,确定分配给投资者的现金股利或利润。

（二）应付股利的核算

设置"应付股利"账户(图6.27),核算企业确定分配给投资者的现金股利或利润。

应付股利（负债类）	
实际支付的现金股利	应支付的现金股利或利润
	尚未支付的现金股利或利润

图6.27　"应付股利"账户

具体核算方法如下:
1. 根据股东大会审议批准的利润分配方案按应支付的现金股利:
借:利润分配——应付股利
　　贷:应付股利
2. 实际支付股利:
借:应付股利
　　贷:银行存款

二、应付利息

(一) 应付利息的概念

应付利息是指企业按照合同规定应支付的利息,包括短期借款、分期付息到期还本的长期借款、企业债券等应支付的利息。

(二) 应付利息的核算

设置"应付利息"账户(图 6.28),核算企业按照合同的约定应支付的利息。

应付利息(负债类)

实际支付的利息	按合同约定应支付的利息
	应付未付的利息

图 6.28 "应付利息"账户

具体核算方法如下:
1. 采用合同约定的利率计算确定的利息费用:
借:在建工程(符合资本化条件)
　　财务费用(不符合资本化条件)
　　贷:应付利息
2. 实际支付利息:
借:应付利息
　　贷:银行存款

操作指南

掌握了应付股利和应付利息的核算方法,针对"任务内容"部分的案例,进行如下分析、处理。

例 属于股利分配业务,应作如下账务处理:
借:利润分配——应付股利　　　　　　　　　　　　　　　　　　　　　5 000 000
　　贷:应付股利——甲股东　　　　　　　　　　　　　　　　　　　　　　2 000 000

	——乙股东		3 000 000

借：应付股利——甲股东　　　　　　　　　　　　　　　2 000 000
　　　　　　——乙股东　　　　　　　　　　　　　　　3 000 000
　　贷：银行存款　　　　　　　　　　　　　　　　　　　5 000 000

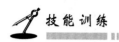 技能训练

中天公司 2021 年 2 月 10 日向银行贷款 5 000 000 元,贷款期限为 5 年,合同约定的年利率 3.5%,请对取得借款、每年计算利息和支付利息作会计处理。

任务九　其他应付款的核算

 情境引入

2021 年 12 月 1 日,中天公司将一台设备出租给春晖公司,租期 6 个月,租金总额 800 000 元,租约到期一次性收取租金,当日收到押金 100 000 元,中天公司应怎样进行会计处理?

 学习目标

1. 理解其他应付款的概念,掌握其他应付款的核算内容。
2. 掌握其他应付款的核算。

 任务内容

例　中天公司 2021 年 1 月 1 日以经营租赁方式租入一批办公设备,每月租金 5 000 元,按月计提、按季支付,3 月 31 日,中天公司以银行存款支付应付租金,根据以上业务资料编制相应的记账凭证。

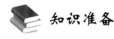 知识准备

一、其他应付款的概念

其他应付款是指企业除了应付账款、应付票据、预收账款、应付职工薪酬、应缴税费等流动负债外,还会发生一些应付、暂收其他单位和个人的款项,包括应付经营租入固定资产和包装物的租金、职工过期未领的工资、存入保证金等。

二、其他应付款的核算

企业应设置"其他应付款"账户(图6.29),核算其他应付款的增减变动及结存情况,并按照其他应付款项目和对方单位设置明细账户进行明细核算。

其他应付款(负债类)

偿还或转销的其他应付款	发生的各种应付暂收款项
	应付未付的其他应付款项

图6.29 "其他应付款"账户

具体核算方法如下:
1. 出租包装物、固定资产收取的押金:
借:银行存款
　　贷:其他应付款——存入保证金
2. 租入设备应付租金:
借:制造费用
　　管理费用
　　贷:其他应付款
3. 过期未领工资交回财会:
借:库存现金
　　贷:其他应付款——某某过期未领工资

操作指南

掌握了其他应付款的核算方法,针对"任务内容"部分的案例,进行如下分析、处理。

例 属于其他应付款业务,应作如下账务处理:
(1) 1月、2月末分别计提应付租入固定资产租金:

借:管理费用	5 000
贷:其他应付款	5 000

(2) 3月31日支付租金:

借:其他应付款	10 000
管理费用	5 000
贷:银行存款	15 000

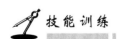技能训练

1. 中天纺织厂支付租入包装物押金,根据以下业务资料(图6.30、图6.31)编制相应的记账凭证。

收 款 收 据

2021 年 06 月 30 日

```
交款单位:吉林中天纺织厂
交    来:出租包装物押金
人民币(大写):贰仟元整        ￥2 000.00
收款单位:吉林色织布厂
会计主管:沈冰        收款:刘丽
```

图 6.30 收款收据

```
中国工商银行
转账支票存根
Ⅹ Ⅵ54219801

附加信息


出票日期2021 年 06 月 30 日
收款人:鞍山棉纺织厂
金  额:￥2 000.00
用  途:支付包装物押金
单位主管:李刚  会计:王红
```

图 6.31 转账支票存根

2. 中天公司因业务需要,向广州海洋公司租入办公用房和生产设备,每月需支付的租金分别为 10 000 元和 20 000 元,请根据所发生的业务对每月计提应付租金和支付租金作会计处理,并编制相应的记账凭证。

任务十至任务十三是应交税费的核算。

任务十　应交增值税的核算

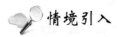 情境引入

长春酒业有限责任公司主要从事白酒、啤酒及其他酒类的生产和销售。公司会计制

度健全,年销售额5 000万元,王红是该公司的会计,面对增值税有关的业务,王红应如何处理?

学习目标

1. 理解增值税的概念、纳税人、税率和增值税的特点。
2. 掌握一般纳税人和小规模纳税人增值税核算的特点。
3. 掌握一般纳税人和小规模纳税人增值税的计算和核算。

任务内容

例1 中天公司为增值税的一般纳税人,增值税率13%。2021年6月销售一批服装,不含税的销售额1 000 000元,购进原材料取得增值税专用发票,注明价款600 000元,进项税额78 000元,材料已验收入库,如何计算当期应交增值税额?

例2 中天公司为小规模纳税企业,公司5月份销售商品取得含税销售额72 500元,增值税的征收率3%,如何计算该公司应交增值税额?

例3 中天公司为一般纳税人,增值税率13%。8月份购买一批原材料,增值税专用发票注明价款1 000 000元,增值税130 000元,材料验收入库,价税款用银行存款支付,根据以上业务资料编制相应的记账凭证。

例4 中天公司为一般纳税人,适用的增值税率为13%,8月份销售产品取得不含税销售收入3 000 000元,增值税390 000元,销售款已存入银行,根据以上业务资料编制相应的记账凭证。

例5 8月份,中天公司接受其股东恒大公司投入的一批原材料,专用发票注明价款2 000 000元,增值税260 000元,根据以上业务资料编制相应的记账凭证。

例6 中天公司一批库存材料因意外火灾毁损,有关增值税专用发票确认的成本10 000元,增值税1 300元,根据以上业务资料编制相应的记账凭证。

例7 中天公司为一般纳税人,增值税率13%,2021年6月领用一批A产品,用于建造职工俱乐部,该批产品的实际成本20 000元,不含税售价30 000元;领用一批B产品,作为职工福利发放,该批产品的实际成本30 000元,不含税售价40 000元,根据以上业务资料编制相应的记账凭证。

例8 假设中天公司为小规模纳税企业,增值税的征收率3%,本期发生以下经济业务:

(1) 企业购入一批原材料,取得增值税专用发票注明货款30 000元,增值税3 900元,材料验收入库,款项已银行存款支付。

(2) 企业销售一批产品,所开出的普通发票中注明含税价41 200元,款项已存入银行。月末以银行存款上缴增值税1 200元,根据以上业务资料编制相应的记账凭证。

知识准备

为完成上述任务,需要了解增值税的概念、纳税人、税率、增值税的特点,掌握一般纳税人和小规模纳税人增值税核算的特点,掌握一般纳税人和小规模纳税人增值税的计算和核算。

一、应交增值税的概念

应交增值税是对在我国境内销售货物、进口货物,提供加工、修理、修配劳务以及销售服务、转让无形资产和不动产的单位和个人取得的法定增值额征收的一种流转税。

二、应交增值税的特点

1. 增值税是价外税,即税金不包括在销售价格之内。
2. 增值税是就货物或劳务的增值部分征税,而非全额,避免重复纳税。
3. 增值税的纳税人根据纳税人经营规模的大小和会计核算的健全程度分为一般纳税人和小规模纳税人。
4. 对不同的纳税人实行不同的计税方法。
5. 实行不同档的税率:① 基本税率13%,适用于一般纳税人销售或进口货物、提供加工修理修配劳务、有形动产租赁服务;② 低税率9%,适用于销售或进口税法列举的九类货物,如农产品、自来水、暖气、石油液化气、天然气、冷气、粮食、食用植物油、化肥、饲料、农机、农膜、图书、报纸、杂志、居民用煤炭制品、二甲醚、食用盐、音像制品、电子出版物等;③ 9%的税率,适用于交通运输、邮政服务、基础电信服务、建筑服务、不动产租赁服务、销售不动产、转让土地使用权;④ 6%的税率,适用于一般纳税人提供现代服务(研发和技术、信息技术、文化创意、物流辅助、鉴证咨询、广播影视、商务辅助,租赁除外)、增值电信服务、金融服务、生活服务(文化体育、教育医疗、旅游娱乐、餐饮住宿和居民日常服务等),除转让土地使用权以外的销售无形资产;⑤ 小规模纳税人税率5%和3%,销售及出租不动产按5%,其他按3%。

三、增值税的计算

(一)一般纳税人增值税的计算

一般纳税人增值税的计算是根据当期销项税额减去当期进项税额计算确定的。其计算公式如下:

应交增值税=当期销项税额-当期允许抵扣的进项税额

(二)小规模纳税人增值税的计算

小规模纳税人企业应纳增值税实行简易办法计算,是按照销售额和规定的3%征收率计算确定。其计算公式如下:

应交增值税＝不含税销售额×征收率

不含税销售额＝含税销售额/(1＋征收率)

四、一般纳税人和小规模纳税人增值税核算的特点

(一)一般纳税人增值税核算的特点

1. 在货物的购进阶段实行价税分离,价款部分计入所购货物成本,增值税部分计入进项税额;

2. 销售阶段,销售价格不含税,如果定价时含税,应还原为不含税价作为销售收入,向购买方收取的增值税作为销项税额。

(二)小规模纳税人增值税核算的特点

1. 小规模纳税人购进货物所支付的增值税一律计入所购货物成本。
2. 销售货物只能开普通发票,采用简易方法计算应纳税额,不得抵扣。

五、应交增值税的核算

一般纳税人为了核算企业应交增值税的发生、抵扣、缴纳、退税及转出等情况,应在"应交税费"下设置"应交增值税"明细账户(图6.32)进行核算。

应交税费——应交增值税(负债类)

进项税额	销项税额
已交税金	进项税额转出
	出口退税
尚未抵扣或多交的增值税	尚未缴纳的增值税

图6.32 "应交税费——应交增值税"账户

(一)一般纳税人增值税的核算

1. 购进货物和销售货物。

(1)企业购入货物或接受劳务时,按专用发票上注明的增值税,借记"应交税费——应交增值税(进项税额)"账户;记载的应计入采购成本的金额,借记"原材料、库存商品、在途物资"等账户;按应付或实际支付的金额,贷记"银行存款、应付账款"等账户。

借:原材料(库存商品、在途物资)
　　应交税费——应交增值税(进项税额)
　　贷:银行存款(应付账款、应付票据)

(2)企业销售货物或提供应税劳务,按实现的营业收入和收取的增值税之和,借记

"银行存款、应收账款、应收票据"等账户;按专用发票上注明的增值税,贷记"应交税费——应交增值税(销项税额)"账户;按实现的营业收入,贷记"主营业务收入"账户。

借:银行存款(应收账款、应收票据)
　　贷:主营业务收入
　　　　应交税费——应交增值税(销项税额)

2. 购进免税农产品。

企业购进免税农产品,按税法法规规定,按买价的10%计算进项税额,并准予从销项税额中抵扣。

借:原材料　　　　　　　　　　　　(买价的90%)
　　应交税费——应交增值税(进项税额)(买价的10%)
　　贷:银行存款

3. 企业接受投资、捐赠转入的货物。

企业接受投资、捐赠转入的货物,按照专用发票上注明的增值税,借记"应交税费——应交增值税(进项税额)"账户;按照双方确认的货物价值,借记"原材料"等账户;按照货物价值和增值税之和,贷记"实收资本"、"营业外收入"账户。

借:原材料
　　应交税费——应交增值税(进项税额)
　　贷:实收资本
　　　　营业外收入

4. 进项税额转出(不予抵扣的项目)。

企业发生的购进物资、在产品、产成品发生非正常损失,以及购进物资改变用途等情况,其相应的进项税额不能抵扣,应作转出处理,计入有关账户,借记"应付职工薪酬、待处理财产损溢"账户,贷记"应交税费——应交增值税(进项税额转出)"账户。

借:应付职工薪酬(待处理财产损溢)
　　贷:原材料
　　　　应交税费——应交增值税(进项税额转出)

5. 视同销售的会计处理。

企业的有些交易和事项从会计角度看不属于销售行为,不能确认销售收入,但是按照税法规定,应视同对外销售处理,计算应交增值税。按照《增值税暂行条例实施细则》的规定,视同销售主要包括以下七种情况:

(1) 企业货物交付他人代销。
(2) 销售代销货物。
(3) 将自产、委托加工或购买的货物作为投资提供给其他单位或个体经营者。
(4) 将自产、委托加工或购买的货物分配给股东或投资者。
(5) 将自产、委托加工的货物用于集体福利或个人消费。
(6) 将自产、委托加工或购买的货物无偿赠送他人。
(7) 将自产、委托加工的货物用于非应税项目。

具体核算办法如下：
(1) 将自产、委托加工的货物用于非应税项目(集体福利)。
借：应付职工薪酬
　　贷：库存商品
　　　　应交税费——应交增值税(销项税额)
(2) 将自产、委托加工或购买的货物作为投资。
借：长期股权投资
　　贷：主营业务收入
　　　　应交税费——应交增值税(销项税额)
借：主营业务成本
　　贷：库存商品
(3) 将自产、委托加工的货物用于职工福利(个人消费)。
借：应付职工薪酬
　　贷：主营业务收入
　　　　应交税费——应交增值税(销项税额)
借：主营业务成本
　　贷：库存商品
(4) 将自产、委托加工或购买的货物无偿赠送他人。
借：营业外支出
　　贷：库存商品
　　　　应交税费——应交增值税(销项税额)
(5) 将自产、委托加工或购买的货物分配给股东或投资者。
借：应付股利
　　贷：主营业务收入
　　　　应交税费——应交增值税(销项税额)
借：主营业务成本
　　贷：库存商品

6. 缴纳增值税的核算。

企业按规定缴纳的增值税，借记"应交税费——应交增值税(已交税金)"账户，贷记"银行存款"账户；如果本月缴纳上月应交未交的增值税，应借记"应交税费——应交增值税(未交税金)"账户，贷记"银行存款"账户。

应交未交的增值税，在期末应转出。借记"应交税费——应交增值税(转出未交增值税)"账户，贷记"应交税费——未交增值税"账户。以后实际缴纳时，借记"应交税费——未交增值税"账户，贷记"银行存款"账户。

(二) 小规模纳税人增值税的核算

小规模纳税人不能开具增值税专用发票，在购入货物及接受劳务时支付的增值税直接计入有关货物或劳务的成本。小规模纳税人实行简易办法计算应纳增值税额,直接用不含税销售额和规定的增值税征收率计算缴纳增值税。

1. 小规模纳税人在购入货物及接受劳务时,支付的增值税直接计入有关货物或劳务的成本:

借:原材料(价+税)
　　贷:银行存款

2. 销售货物时,按照规定的征收率计算缴纳增值税:

借:银行存款
　　贷:主营业务收入
　　　　应交税费——应交增值税

3. 缴纳增值税时:

借:应交税费——应交增值税
　　贷:银行存款

 操作指南

掌握了应交税费的核算方法,针对"任务内容"部分的八个案例,进行如下分析、处理。

例1 属于一般纳税人应交增值税的计算,应作如下计算:

当期应交增值税=1 000 000×13%−102 000=28 000 元

例2 属于小规模纳税人应交增值税的计算,应作如下计算:

不含税销售额 = 72 500/(1+3%) = 70 389(元)

应交增值税 = 70 389×3% = 2 112(元)

例3 属于一般纳税人增值税进项税额的核算,应作如下账务处理:

借:原材料	1 000 000
应交税费——应交增值税(进项税额)	130 000
贷:银行存款	1 130 000

例4 属于一般纳税人销项税额的核算,应作如下账务处理:

借:银行存款	3 390 000
贷:主营业务收入	3 000 000
应交税费——应交增值税(销项税额)	390 000

例5 属于一般纳税人接受原材料投资业务,应作如下账务处理:

借:原材料	2 000 000
应交税费——应交增值税(进项税额)	260 000
贷:实收资本	2 260 000

例6 属于一般纳税人进项税额转出业务(不予抵扣的项目),应作如下账务处理:

借:待处理财产损溢——待处理流动资产损溢	11 300
贷:原材料	10 000

　　　　应交税费——应交增值税(进项税额转出)　　　　　　　　　　　　　1 300

例7 属于一般纳税人视同销售业务的核算,应作如下账务处理:

(1) 领用A产品用于建造职工俱乐部时(不确认收入,按成本转账):

借:在建工程　　　　　　　　　　　　　　　　　　　　　　　　　　23 900
　　贷:库存商品——A产品　　　　　　　　　　　　　　　　　　　　　20 000
　　　　应交税费——应交增值税(销项税额)　　　　　　　　　　　　　　3 900

(2) 领用B产品作为职工福利发放时(确认收入,结转成本):

借:应付职工薪酬　　　　　　　　　　　　　　　　　　　　　　　　45 200
　　贷:主营业务收入　　　　　　　　　　　　　　　　　　　　　　　　40 000
　　　　应交税费——应交增值税(销项税额)　　　　　　　　　　　　　　5 200
借:主营业务成本　　　　　　　　　　　　　　　　　　　　　　　　30 000
　　贷:库存商品——B产品　　　　　　　　　　　　　　　　　　　　　30 000

例8 属于小规模纳税人增值税核算业务,应作如下账务处理:

借:原材料　　　　　　　　　　　　　　　　　　　　　　　　　　　35 100
　　贷:银行存款　　　　　　　　　　　　　　　　　　　　　　　　　　35 100

　　　不含税销售额＝41 200/(1＋3％)＝40 000(元)
　　　应交增值税＝40 000×3％＝1 200(元)

借:银行存款　　　　　　　　　　　　　　　　　　　　　　　　　　41 200
　　贷:主营业务收入　　　　　　　　　　　　　　　　　　　　　　　　40 000
　　　　应交税费——应交增值税　　　　　　　　　　　　　　　　　　　1 200
借:应交税费——应交增值税　　　　　　　　　　　　　　　　　　　　1 200
　　贷:银行存款　　　　　　　　　　　　　　　　　　　　　　　　　　1 200

技能训练

1. 8月5日,吉林中天公司购入一批原材料,增值税专用发票注明的价款为500 000元,增值税65 000元,另支付运输部门运费30 000元,材料已验收入库,款项用银行存款支付,根据以上业务资料编制相应的记账凭证。

2. 8月10日,吉林中天公司购入一批免税农产品,农产品已验收入库,以银行存款支付价款30 000元,根据以上业务资料编制相应的记账凭证。

3. 8月11日,吉林中天公司职工集体福利领用生产用原材料10 000元,该材料应负担增值税进项税1 300元,根据以上业务资料编制相应的记账凭证。

4. 8月13日,吉林中天公司因水灾毁损一批甲材料,该材料的实际成本20 000元,该材料的增值税进项税额2 600元,根据以上业务资料编制相应的记账凭证。

5. 8月15日,吉林中天公司销售产品一批,货款500 000元,增值税65 000元,为购货单位代垫运杂费20 000元,结算单据已交购货方,款项尚未收到,根据以上业务资料编制相应的记账凭证。

6. 8月19日,吉林中天公司接受阳光公司投入的一批原材料,增值税专用发票上注明价款100 000元,增值税13 000元,根据以上业务资料编制相应的记账凭证。

7. 8月23日,吉林中天公司进行厂房改造,领用一批本企业产品,该批产品成本20 000元,售价30 000元,增值税率13%,根据以上业务资料编制相应的记账凭证。

8. 8月25日,吉林中天公司以一批产品向宏泰公司进行投资,其成本70 000元,售价90 000元,增值税率13%,根据以上业务资料编制相应的记账凭证。

9. 8月30日,吉林中天公司以银行存款缴纳本月增值税100 000元,根据以上业务资料编制相应的记账凭证。

10. 易天公司为小规模纳税企业,本月购入一批原材料,取得增值税专用发票注明的价款为18 000元,增值税3 060元,材料验收入库,款项用银行存款支付,根据以上业务资料编制相应的记账凭证。

11. 易天公司为小规模纳税企业,本月销售一批产品,所开出的普通发票中注明价款84 460元(含税),增值税的征收率3%,款项已存入银行,根据以上业务资料编制相应的记账凭证。

任务十一　应交消费税的核算

情境引入

消费税是在收增值税的基础上,有选择地对部分国家需要加以限制和调节的消费品、消费行为再征收的一种税,它在我国税收管理体制占有非常重要的地位。那么,哪些消费品、消费行为要缴纳消费税?会计上应如何处理消费税?

学习目标

1. 理解消费税的概念、特点、征收范围。
2. 掌握消费税的计算和核算。

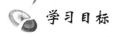

任务内容

例1　中天化妆品厂属于增值税一般纳税人企业,2021年6月销售化妆品1 000 000元,消费税率30%,则该厂当月应纳消费税税额为多少?

例2　中天炼油厂在2021年5月销售汽油200吨,销售柴油100吨,汽油消费税税率0.2元/升,柴油消费税税率0.1元/升,则该厂当月应纳消费税税额为多少?(汽油1吨=1 388升,柴油1吨=1 176升)

例3　中天白酒厂本期销售白酒10 000箱(每箱100元,每箱6瓶,每瓶500克),粮食白酒从量征税的计税单位为0.5元/斤,税率20%,则该企业本期应纳消费税税额为多少?

例4 中天公司委托外单位对一批材料进行加工,发出材料的成本110 000元,加工费20 000元,增值税2 600元,由受托方代收代缴的消费税2 100元,所有支出均通过银行支付,加工完成的乙材料运到中天公司并验收入库,中天公司在下列情况下应如何进行账务处理?

(1) 如果乙材料收回后用于连续生产应税消费品。
(2) 如果乙材料收回后直接用于销售。

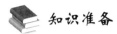 知识准备

一、消费税的概念

消费税是对我国境内从事生产、委托加工和进口应税消费品的单位和个人征收的一种税,是国家为了调节消费结构,正确引导消费方向,在普遍征收增值税的基础上,针对部分消费品而征收的一种流转税。

二、消费税的课税对象

1. 过度消费会对人类健康、社会秩序、生态环境等方面造成危害的特殊消费品,如烟、酒、鞭炮、焰火。
2. 奢侈品和非生活必需品,如化妆品、贵重首饰、珠宝、高尔夫球及球具、游艇、高档手表。
3. 高能耗及高档消费品,如摩托车、小汽车。
4. 不可再生和替代的石油类消费品,如成品油中的汽油、柴油、熔剂油、润滑油。
5. 税基宽广消费普遍,具有一定财政意义的消费品,如汽车轮胎、电池、涂料。
6. 有利于增进环保意识、引导消费、节约资源的产品,如实木地板、木制一次性筷子。

三、消费税的计算

消费税的计算一般包括以下三种:

(一) 从价定率

实行从价定率方法征税的应税消费品,计税依据为应税消费品的销售额。其计算公式为

$$应纳税额 = 销售额 \times 适用税率$$

(二) 从量定额

从量定额通常以每单位应税消费品的重量、容积或数量为计税依据,并按每单位应税消费品规定固定税额。我国消费税对白酒、黄酒、啤酒、汽油、柴油等实行定额税率。

其计算公式为

$$应纳税额＝销售量\times 单位税额$$

（三）复合计征

我国对包括卷烟、粮食白酒、薯类白酒等在内的商品实行从量定额和从价定率相结合计算应纳税额的复合计征方法。其计算公式为

$$应纳税额＝销售额\times 适用税率＋销售量\times 单位税额$$

四、消费税的核算

设置"税金及附加"账户(图6.33),用来核算企业日常经营活动应负担的税金及附加,包括消费税、城市维护建设税和教育费附加等。

税金及附加(损益类)

按规定计算缴纳的税金及附加	期末转入"本年利润"数
结转后无余额	

图6.33 "营业税金附加"账户

设置"应交税费——应交消费税"账户(图6.34),用来核算企业按规定应缴纳的消费税。

应交税费——应交消费税(负债类)

实际缴纳的消费税	按规定应缴纳的消费税
	尚未缴纳的消费税

图6.34 "应交税费——应交消费税"账户

（一）销售应税消费品应缴纳的消费税

纳税人销售自制应税消费品,在销售实现时,按应交消费税税额借记"税金及附加"账户,贷记"应交税费——应交消费税"账户。

（二）自产自用应税消费品的核算

企业以自产的应税消费品作为股权投资或用于在建工程、非生产机构等其他方面时,按规定应缴纳的消费税,借记"长期股权投资"、"在建工程"等账户,贷记"应交税费——应交消费税"账户。

（三）委托加工应税消费品的核算

委托加工的应税消费品,由受托方在向委托方交货时代收代缴消费税。

1. 委托加工物资收回后,直接用于销售的,应将受托方代收代缴的消费税计入委托

物资成本。

借:委托加工物资
  贷:银行存款

2. 委托加工物资收回后,用于连续生产应税消费品的,应将受托方代收代缴的消费税计入"应交税费——应交消费税"账户。

借:应交税费——应交消费税
  贷:银行存款

(四)进口应税消费品的核算

企业进口应税物资,在进口环节应交的消费税,计入该物资的成本。

借:原材料(库存商品等)
  贷:银行存款

操作指南

掌握了应交消费税的核算方法,针对"任务内容"部分的四个案例,进行如下分析、处理。

例1 属于从价定率消费税的计算:

$$应纳消费税税额 = 1\,000\,000 \times 30\% = 300\,000(元)$$

例2 属于从量定额消费税的计算:

$$应纳税额 = 200 \times 1\,388 \times 0.2 + 100 \times 1\,176 \times 0.1 = 67\,280(元)$$

例3 属于复合计征消费税的计算:

$$应纳消费税税额 = 10\,000 \times 100 \times 20\% + 10\,000 \times 6 \times 0.5 = 230\,000(元)$$

例4 属于委托加工应税消费品的核算业务,应作如下账务处理:

(1) 乙材料收回后用于连续生产应税消费品时:

借:委托加工物资	110 000	
贷:原材料——甲材料		110 000
借:委托加工物资	20 000	
应交税费——应交增值税(进项税额)	2 600	
——应交消费税	2 100	
贷:银行存款		24 700
借:原材料——乙材料	130 000	
贷:委托加工物资		130 000

(2) 乙材料收回后直接用于销售时:

借:委托加工物资	110 000	
贷:原材料——甲材料		110 000
借:委托加工物资	22 100	
应交税费——应交增值税(进项税额)	2 600	

贷:银行存款　　　　　　　　　　　　　　　　　　　　　24 700
　　借:原材料——乙材料　　　　　　　　　　　　　　　　　132 100
　　贷:委托加工物资　　　　　　　　　　　　　　　　　　　　132 100

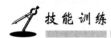

1. 中天公司2021年3月销售摩托车15辆,每辆售价20 000元(不含增值税),货款尚未收到,摩托车每辆成本是10 000元,消费税税率10%,计算该企业应缴纳的消费税并作相应的账务处理。

2. 中天公司从国外进口一批需缴纳消费税的商品,商品价值50 000 000元,进口环节缴纳的消费税是10 000 000元,采购的商品验收入库,价税款用银行存款支付,请作出相应的账务处理。

3. 中天摩托车制造厂2021年5月销售摩托车50万辆,每辆售价是10 000元,款项通过银行收回,摩托车的增值税税率是13%,适用的消费税税率是10%,请根据所发生的业务进行销售、计算、缴纳消费税的账务处理。

任务十二　应交城市维护建设税和教育费附加的核算

中天公司是一家生产性企业,该公司除了缴纳增值税、消费税、所得税外,还需缴纳哪些税?

1. 理解城市维护建设税和教育费附加的概念。
2. 掌握城市维护建设税和教育费附加的计算和核算。

例　中天公司本月缴纳增值税30 000元、缴纳消费税360 000元,城市维护建设税税率7%,教育费附加征收率3%,计算应交城市维护建设税和教育费附加并作出相应的账务处理。

要完成上述任务,需理解城市维护建设税和教育费附加的概念,掌握城市维护建设税和教育费附加的核算。

一、城市维护建设税

城市维护建设税是国家为了维护和加强城市的建设，扩大和稳定城市维护建设的资金来源开征的一种税，它是以纳税人实际缴纳的"增值税"、"消费税"两税为计税依据，分别与上述两种税同时缴纳。

应交城市维护建设税＝（实际缴纳的增值税＋实际缴纳的消费税）×适用税率

城市维护建设税按纳税人所在地区的不同，分为以下三档比例税率：纳税人所在地为市区的，税率为7%；纳税人所在地为县城、镇的，税率为3%；纳税人所在地不在市区、县城、镇的，税率为1%。

企业进行城市维护建设税的会计处理时，借记"税金及附加"账户，贷记"应交税费——应交城市维护建设税"账户。

二、应交教育费附加

应交教育费附加是国家为了发展教育事业而征收的附加费用，是地方教育经费的一项来源，由教育部门统筹安排，专门用于改善中小学教学设施和办学条件，它是以纳税人实际缴纳的"增值税"、"消费税"两税为计税依据，分别与上述两种税同时缴纳，教育费附加的征收率为3%。

应交教育费附加＝（实际缴纳的增值税＋实际缴纳的消费税）×3%

企业进行教育费附加的会计处理时，借记"税金及附加"，贷记"应交税费——教育费附加"账户。

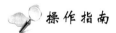

掌握了应交城市维护建设税和教育费附加的核算方法，我们对"任务内容"部分的任务案例进行分析、处理。

例 属于计算城市维护建设税及教育费附加业务，应作如下账务处理：

应交城市维护建设税＝（30 000＋360 000）×7%＝27 300（元）
应交教育费附加＝（30 000＋360 000）×3%＝11 700（元）

借：税金及附加——应交城市维护建设税	27 300
——应交教育费附加	11 700
贷：应交税费——应交城市维护建设税	27 300
——应交教育费附加	11 700

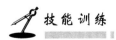

中天公司为一般纳税人企业，本月实际缴纳增值税3 000 000元、消费税3 600 000元，

城市维护建设税税率 7%,教育费附加征收率 3%,计算应交城市维护建设税和教育费附加并作出相应的账务处理。

任务十三 借款的核算

长虹公司为了扩建厂房,从银行取得长期借款 10 000 000 元,借款期限 3 年,年利率 6%,每年计息一次,到期一次还本付息。款项取得后,支付工程款 8 000 000 元,该厂房一年后完成并交付使用,长虹公司应如何进行相应的账务处理?

1. 理解短期借款的概念,掌握短期借款的核算。
2. 理解长期借款、借款费用的概念,掌握借款费用的处理原则和处理方法。

例1 中天公司 2021 年 1 月 1 日向工商银行贷款 1 000 000 元,贷款期限为 9 个月,年利率 6%,该款项已进入中天公司账户,该借款的利息按月计提、按季支付,本金到期归还,根据以上业务资料编制相应的记账凭证。

例2 中天公司为扩建厂房于 2020 年 1 月 1 日向工商银行借入 20 000 000 元,期限为 3 年,贷款年利率 8%,每年年底归还借款利息,3 年期满后一次归还本金,该贷款用于企业扩建厂房。至 2020 年 12 月 31 日共发生料、工、费 10 000 000 元,2021 年 3 月底以前又发生费用 1 000 000 元,厂房于 2021 年 3 月底完工并交付使用,根据以上业务资料编制相应的记账凭证。

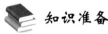

一、短期借款的概念

短期借款是指企业向银行或其他金融机构借入的期限在一年以内(含一年)的各种借款,企业因季节性、临时性原因,资金出现暂时性短缺时,可以向开户行或其他金融机构申请短期贷款,以保证企业的经营活动能正常进行。

二、短期借款的核算

企业应设置"短期借款"账户(图6.35),用于核算企业向银行或其他金融机构等借入的期限在一年以内(含一年)的各种借款。

短期借款(负债类)

因偿还而减少的短期借款数额	因借入资金而增加的短期借款数额
	尚未偿还的短期借款数额

图6.35 "短期借款"账户

具体核算方法如下:

1. 企业从银行或其他金融机构取得借款时,应按实际借入的本金数额:
借:银行存款
　　贷:短期借款

2. 借款利息的处理:

(1) 如果借款利息按月支付,或在借款到期归还本金时一并支付,且数额不大的,直接计入"财务费用"账户。
借:财务费用
　　贷:银行存款

(2) 如果借款利息按季支付或半年支付,或是在借款到期归还本金时一并支付,且数额较大的,可采用预提的方法。

① 每月预提时:
借:财务费用
　　贷:应付利息

② 到期支付时:
借:应付利息
　　贷:银行存款

3. 企业归还短期借款,应按实际归还的数额:
借:短期借款
　　贷:银行存款

三、长期借款及借款费用的有关概念

(一) 长期借款

长期借款是指企业向银行或其他金融机构等借入的期限在一年以上(不含一年)的各种借款。一般用于固定资产的购建、改扩建工程、大修理工程以及为了保持长期经营能力等方面的借款。

(二)借款费用的概念及处理方法

1. 借款费用:指企业因借入资金而发生的费用,包括因借入资金而发生的利息、折价或溢价的摊销、辅助费用及因外币借款而发生的汇兑差额。

2. 借款费用的处理方法:

(1)属于筹建期间的借款费用,计入"管理费用"。

(2)属于生产经营期间发生的借款费用,并与固定资产的购建有关,满足资本化确认条件的借款费用,计入"在建工程"账户。

(3)属于生产经营期间发生的借款费用,并与固定资产的购建有关,按规定不予以资本化的借款费用,计入"财务费用"账户。

四、长期借款的核算

企业应设置"长期借款"账户(图6.36),用于核算企业向银行或其他金融机构等借入的期限在一年以上(不含一年)的各种借款。

长期借款(负债类)

偿还的长期借款	借入的长期借款
	尚未偿还的长期借款

图6.36 "长期借款"账户

具体核算方法如下:

1. 借入各种长期借款时,借记"银行存款"账户,贷记"长期借款"账户。
2. 计提长期借款利息时,借记"在建工程"或"财务费用"账户,贷记"长期借款"账户。
3. 归还长期借款本息时,借记"长期借款"账户,贷记"银行存款"账户。

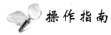操作指南

掌握了借款的核算方法,针对"任务内容"部分的两个案例,进行如下分析、处理。

例1 属于短期借款业务,应作如下账务处理:

(1)1月1日借入款项时:

借:银行存款　　　　　　　　　　　　　　　　　　　　　　　　　1 000 000
　　贷:短期借款　　　　　　　　　　　　　　　　　　　　　　　　1 000 000

(2)1月末计提当月利息时:每月应计提的利息额为$1\,000\,000\times 6\%/12=5\,000$元:

借:财务费用　　　　　　　　　　　　　　　　　　　　　　　　　　　5 000
　　贷:应付利息　　　　　　　　　　　　　　　　　　　　　　　　　5 000

(3)2月末计提利息的处理相同。

(4)3月末支付本季度利息:

借：应付利息 10 000
　　财务费用 5 000
　　贷：银行存款 15 000

（5）第二、三季度利息的处理同上。

（6）10月1日偿还借款本金：

借：短期借款 1 000 000
　　贷：银行存款 1 000 000

例2 属于长期借款业务，应作如下账务处理：

（1）2020年1月1日借入资金时：

借：银行存款 20 000 000
　　贷：长期借款 20 000 000

（2）2020年12月31日计算利息为20 000 000×8%＝1 600 000（元）：

借：在建工程 1 600 000
　　贷：应付利息 1 600 000

（3）偿还借款利息：

借：应付利息 1 600 000
　　贷：银行存款 1 600 000

（4）2021年3月31日厂房完工交付使用20 000 000×8%×3/12＝400 000（元）：

借：在建工程 400 000
　　贷：应付利息 400 000

（5）2021年4月计提利息为20 000 000×8%/12＝133 333（元）：

借：财务费用 133 333
　　贷：应付利息 133 333

（6）以后按月计提利息的会计分录与2021年4月相同。

（7）偿还借款利息的会计分录同上。

（8）到期还本：

借：长期借款 20 000 000
　　贷：银行存款 20 000 000

技能训练

1. 中天公司建造厂房，从银行取得长期借款10 000 000元，借款期限3年，年利率6%，每年计息一次，到期一次还本付息。款项取得后支付工程款8 000 000元，该厂房一年后完成并交付使用。根据以上业务资料对取得借款、支付工程款、各年计息、工程完工交付使用及到期还本付息作会计处理。

2. 中天公司因生产经营临时需要，于2021年3月1日从银行取得借款200 000元，期限2个月，年利率4.8%，借款利息于到期时连同本金一起归还，根据以上业务资料对取得借款、到期归还本息作会计处理。

项目七 收入、费用、利润的核算

任务一 收入的核算

情境引入

甲公司与乙公司签订合同购买一批商品,合同签订后由于乙公司没有按时发货,给甲公司造成一定的经济损失,对此,乙公司按照合同规定向甲公司支付了违约金10万元。甲公司收到违约金10万元后,会计小李将其作为营业收入。这种做法是否妥当?为什么?

学习目标

1. 理解收入的概念、特点和确认条件。
2. 掌握主营业务收入的核算。
3. 掌握其他业务收入的核算。

任务内容

例1 中天公司销售一批应缴纳消费税的商品,增值税专用发票注明的售价200 000元,增值税26 000元,款项尚未收到,其成本为160 000元,假定消费税税率5%,中天公司应如何进行账务处理?

例2 中天公司9月1日向黄河公司销售一批商品,增值税专用发票注明的售价50 000元,增值税6 500元。公司为了及早收回货款,在合同中规定的现金折扣条件为:2/10、1/20、N/30。假定9月10日收到黄河公司货款,中兴公司应如何进行账务处理?(计算现金折扣时不考虑增值税。)

例3 2021年4月中天公司向甲公司销售商品,售价200 000元,增值税26 000元,由于是批量销售,给予买方10%的商业折扣,价税款尚未收到。中天公司应如何进行账务处理?

例4 中天公司2021年10月5日销售一批商品,增值税专用发票上注明售价30 000元,增值税3 900元,并已确认收入。货到后买方发现商品质量不符合要求,要求在价格上给予10%的折让,中天公司同意并办妥了相关手续,中天公司应如何进行账务处理?

例5 中天公司2021年10月20日销售A商品,增值税专用发票上注明售价350 000元,增值税45 500元,该批商品成本是182 000元,A商品已于10月20日发出,并已确认销售收入。2021年11月15日该商品出现严重质量问题,购货方将该批商品全部退回给中天公司,中天公司同意退货并支付了退货款,并按规定向购货方开具了增值税专用发票(红字),中天公司应如何进行账务处理?

 知识准备

为完成上述任务,需理解收入的概念、特征,掌握收入的确认条件,掌握主营业务收入和其他业务收入的核算。

一、收入的概念、特点、分类

(一)收入的概念

收入是企业在日常活动中形成的、会导致所有者权益增加、与所有者投入资本无关的经济利益的总流入。

(二)收入的特点

1. 收入是从企业的日常活动中产生的,而不是从偶发的交易或事项中产生的。
2. 收入可能表现为资产的增加,也可能表现为负债的减少,或者两者兼而有之。
3. 收入会导致所有者权益的增加。
4. 收入只包括本企业经济利益的总流入,不包括为第三方或客户代收的款项。

(三)收入的分类

按收入的性质不同,分为销售商品收入、提供劳务收入、让渡资产使用权收入。

1. 销售商品收入是企业通过销售商品实现的收入,这里所说的商品既包括自产商品、外购商品,也包括已购入不需用的原材料等。
2. 提供劳务收入是企业通过对外提供劳务而实现的收入,如对外提供修理、修配、咨询、代理、培训、中介等所获得的收入。
3. 让渡资产使用权收入是企业对外让渡资产使用权而取得的收入,如金融企业对外贷款所取得的利息收入、对外转让无形资产的使用权的使用费收入等。

二、收入的确认与计量

(一)确认与计量的原则

在新收入准则下,企业只有在客户取得相关商品(或服务)的控制权时才能确认收入。

（二）确认条件

企业收入一般应同时满足以下五个条件，才能予以确认：

1. 合同各方已批准合同并承诺将履行各自的义务；
2. 合同明确了合同各方与所转让商品或提供劳务（以下简称"转让商品"）相关的权利和义务；
3. 合同有明确的与所转让商品相关的支付条款；
4. 合同具有商业实质，即履行合同将改变企业未来现金流量的风险、时间分布或金额；
5. 企业因向客户转让商品而有权取得的对价很可能收回。

三、收入的核算

为了正确反映每一会计期间取得的收入，企业应按收入确认原则，在收入确认后，及时将发生的收入金额登记入账。应进行如下账户设置：

设置"主营业务收入"账户（图7.1），核算企业在销售商品、提供劳务等日常活动中所产生的收入。

主营业务收入（损益类）

销售折让或退回时冲减的收入及期末转入"本年利润"数	企业实现的收入
结转后无余额	

图 7.1　"主营业务收入"账户

设置"主营业务成本"账户（图7.2），核算企业在销售商品、提供劳务等日常活动中所发生的实际成本。

主营业务成本（损益类）

本期结转的销售商品、提供劳务的实际成本	期末转入"本年利润"数及销售退回而冲减的主营业务成本
结转后无余额	

图 7.2　"主营业务成本"账户

设置"税金及附加"账户（图7.3），核算企业日常主要经营活动应负担的税金及附加，包括消费税、城市维护建设税、教育费附加等。

税金及附加(损益类)

企业按规定计算的应交税金及附加	期末转入"本年利润"数
结转后无余额	

图 7.3 "税金及附加"账户

(一) 一般销售商品业务的处理

1. 企业确认本期实现的商品销售收入时,应按实际收到或应收的价款:
借:银行存款(应收账款、应收票据)
　　贷:主营业务收入
　　　　应交税费——应交增值税(销项税额)

2. 企业按照规定计算出日常销售业务应负担的税金及附加时:
借:税金及附加
　　贷:应交税费——应交消费税
　　　　　　　　——城市维护建设税等

3. 月末,企业应根据本月销售的各种商品的实际成本,计算应结转的主营业务成本:
借:主营业务成本
　　贷:库存商品

(二) 附有现金折扣、商业折扣的商品销售业务的处理

1. 现金折扣:是债权人为了鼓励债务人在规定的期限内付款而向债务人提供的债务扣除。销售商品涉及现金折扣的,应当按照扣除折扣前的金额来确认销售商品收入金额,即总价法,现金折扣在实际发生时计入当期损益,作为理财费用。
借:银行存款
　　财务费用
　　贷:应收账款

2. 商业折扣:是企业为了促进商品销售而在商品标价上给予的价格扣除。销售商品涉及商业折扣的,应当按照扣除商业折扣后的金额来确认销售商品收入金额。
借:应收账款(银行存款)
　　贷:主营业务收入
　　　　应交税费——应交增值税(销项税额)

(三) 销售折让的会计处理

销售折让是指所售商品由于品种、质量等不符合客户要求,而客户仍可继续使用的情况下,企业给予客户价格上的减让。

销售折让如发生在确认收入之前,则应在确认销售收入时直接按扣除销售折让后的金额确定;已确认收入的售出商品发生销售折让,应在发生时冲减当期销售商品收入,同

时还应冲减已确认的增值税的销项税额。

发生销售折让时：
借：主营业务收入
　　应交税费——应交增值税（销项税额）
　贷：银行存款（应收账款）

（四）销售退回的账务处理

销售退回是指企业售出的商品由于质量、品种不符合要求等原因而发生的退货。对于销售退回，企业应针对不同情况分别进行会计处理：

1. 对于未确认收入的售出商品发生销售退回的：企业应按已记入"发出商品"账户的商品成本金额，借记"库存商品"账户，贷记"发出商品"账户。

借：库存商品
　贷：发出商品

2. 对于已确认收入的售出商品发生退回的：企业应在发生时冲减当期的销售商品收入，同时冲减当期销售商品成本。如该项销售退回已发生现金折扣的，应同时调整相关财务费用的金额；如该项销售退回允许扣减增值税额的，应同时调整"应交税费——应交增值税（销项税额）"账户的相应金额。

企业收到退回产品时：
借：主营业务收入
　　应交税费——应交增值税（销项税额）
　贷：银行存款（应收账款）

同时冲减销售成本：
借：库存商品
　贷：主营业务成本

（五）其他业务收入的处理

企业在日常活动中还可能发生对外销售不需用的原材料、随同商品对外销售单独计价的包装物、出租无形资产、出租包装物等业务，取得的收入应作为其他业务收入，结转的相关成本作为其他业务成本处理。

设置"其他业务收入"账户（图7.4）核算企业除主营业务活动以外的其他经营活动实现的收入。

其他业务收入（损益类）

期末转入"本年利润"数	企业实现的各项其他业务收入
结转后无余额	

图 7.4 "其他业务收入"账户

设置"其他业务成本"账户（图7.5）核算企业除主营业务活动以外的其他经营活动所

产生的成本。

其他业务成本(损益类)

企业结转或发生的其他业务成本	期末转入"本年利润"数
结转后无余额	

图 7.5 "其他业务成本"账户

具体核算方法如下:
1. 出售不需用材料
取得收入:
借:银行存款
　　贷:其他业务收入
　　　　应交税费——应交增值税(销项税额)
结转已售材料成本:
借:其他业务成本
　　贷:原材料
2. 出租包装物
收到租金:
借:银行存款
　　贷:其他业务收入
　　　　应交税费——应交增值税(销项税额)
每月摊销成本:
借:其他业务成本
　　贷:周转材料——包装物(包装物摊销)

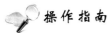

操作指南

掌握了收入的概念、特点、确认条件及核算方法,针对"任务内容"部分的六个案例,进行如下分析、处理。

例1 属于一般销售商品业务的核算,应作如下账务处理:
(1) 销售商品时:

借:应收账款	226 000
贷:主营业务收入	200 000
应交税费——应交增值税(销项税额)	26 000
借:税金及附加	10 000
贷:应交税费——应交消费税	10 000

(2) 月末结转成本:

借:主营业务成本	160 000
贷:库存商品	160 000

例 2 属于附有现金折扣销售业务的核算,应作如下账务处理:
(1) 9月1日销售商品时:
借:应收账款——黄河公司　　　　　　　　　　　　　　　　　56 500
　　贷:主营业务收入　　　　　　　　　　　　　　　　　　　　50 000
　　　　应交税费——应交增值税(销项税额)　　　　　　　　　6 500
(2) 9月10日收到黄河公司货款:
借:银行存款　　　　　　　　　　　　　　　　　　　　　　　55 500
　　财务费用　　　　　　　　　　　　　　　　　　　　　　　1 000
　　贷:应收账款——黄河公司　　　　　　　　　　　　　　　56 500

例 3 属于附有商业折扣销售业务的核算,应作如下账务处理:
(1) 销售商品时:
借:应收账款——甲公司　　　　　　　　　　　　　　　　　203 400
　　贷:主营业务收入　　　　　　　　　　　　　　　　　　　180 000
　　　　应交税费——应交增值税(销项税额)　　　　　　　　23 400
(2) 收到这批货款时:
借:银行存款　　　　　　　　　　　　　　　　　　　　　　203 400
　　贷:应收账款　　　　　　　　　　　　　　　　　　　　　203 400

例 4 属于销售折让业务的核算,应作如下账务处理:
(1) 确认收入时:
借:应收账款　　　　　　　　　　　　　　　　　　　　　　33 900
　　贷:主营业务收入　　　　　　　　　　　　　　　　　　　30 000
　　　　应交税费——应交增值税(销项税额)　　　　　　　　3 900
(2) 发生销售折让时:
借:主营业务收入　　　　　　　　　　　　　　　　　　　　3 000
　　应交税费——应交增值税(销项税额)　　　　　　　　　　390
　　贷:应收账款　　　　　　　　　　　　　　　　　　　　　3 390

例 5 属于销货退回业务的核算,应作如下账务处理:
(1) 销售实现时:
借:应收账款　　　　　　　　　　　　　　　　　　　　　　395 500
　　贷:主营业务收入　　　　　　　　　　　　　　　　　　　350 000
　　　　应交税费——应交增值税(销项税额)　　　　　　　　45 500
借:主营业务成本　　　　　　　　　　　　　　　　　　　　182 000
　　贷:库存商品　　　　　　　　　　　　　　　　　　　　　182 000
(2) 收到货款时:
借:银行存款　　　　　　　　　　　　　　　　　　　　　　395 500
　　贷:应收账款　　　　　　　　　　　　　　　　　　　　　395 500
(3) 销售退回时:

借:主营业务收入　　　　　　　　　　　　　　　　　　　　　350 000
　　应交税费——应交增值税(销项税额)　　　　　　　　　　45 500
　贷:银行存款　　　　　　　　　　　　　　　　　　　　　　　　395 500
借:库存商品　　　　　　　　　　　　　　　　　　　　　　　182 000
　贷:主营业务成本　　　　　　　　　　　　　　　　　　　　　　182 000

 技能训练

1. 中天纺织厂以商业汇票结算方式向安阳服装厂销售棉布,根据以下业务资料(图7.6、图7.7)编制相应原记账凭证。

增值税专用发票

开票日期:2021年09月14日

购货单位	名　　　称:安阳服装厂 纳税人识别号:345601689740501 地　址、电　话:安阳市环路98号 开户行及账号:市工行5000321	密码区	〉+6+14//295/81-283/ *⟨81*+0736025/⟩06059〉 907⟨813266*26⟨6+61-⟩+ 3⟨1⟩*-⟨9+5/6⟩1⟩3/⟩⟩29	加密版本:		
货物或应税劳务名称	规格型号	单位	数量	单价	金额	税率	税额
棉布		米	1 000	50.00	50 000.00	13%	6 500.00
合　计					50 000.00		6 500.00
价税合计(大写)	伍万陆仟伍佰元整			(小写)¥56 500.00			
销货单位	名　　　称:吉林中天纺织厂 纳税人识别号:410501689740506 地　址、电　话:建设街290号 开户行及账号:工行建设支行680394184-89	备注				

收款人:　　　　复核:　　　　开票人:　　　　销货单位(盖章):

图7.6　增值税专用发票

商业承兑汇票

2021 年 09 月 14 日

付款人	全称	安阳服装厂		收款人	全称	吉林中天纺织厂
	账号	5000321			账号	680394184-89
	开户银行	工行安阳支行			开户银行	工行建设支行

出票金额	人民币（大写）	伍万陆仟伍佰元整	亿千百十万千百十元角分 ¥ 5 6 5 0 0 0 0

汇票到期日（大写）	贰零贰壹年拾贰月拾肆日	付款人开户行	行号	
交易合同号码			地址	安阳市环路98号
			备注	

承兑人人签章（安阳服装财务专用章）

此联持票人开户行随托收凭证寄付款人开户行作为借方凭证附件

图 7.7　商业承兑汇票

2. 中天纺织厂以托收承付结算方式向青鸟公司销售产品，根据以下业务资料（图 7.8、图 7.9）编制相应的记账凭证。

（增值税专用发票）

购货单位	名称：青鸟公司	密码区	40⟨＋6＋14//295/81-283/ ＊⟨81＊＋0736025/⟩06059⟩ 907⟨813266＊26⟨6＋61-⟩＋ 3⟨1⟩＊-⟨9＋5/6⟩1⟩3/⟩⟩29	加密版本：
	纳税人识别号：32070660839276			
	地址、电话：青岛市青鸟路144号 56287852			
	开户行及账号：市工行海办 782562888			

货物或应税劳务名称	规格型号	单位	数量	单价	金额	税率	税额
细绒布		米	2 000	30.00	60 000.00	13%	7 800.00
合　计					60 000.00		7 800.00

价税合计（大写）	陆万柒仟捌佰元整	（小写）¥67 800.00

销货单位	名称：吉林中天纺织厂	备注
	纳税人识别号：410501689740506	
	地址、电话：建设街290号	
	开户行及账号：工行建设支行 680394184-89	

收款人：　　　复核：　　　开票人：　　　销货单位（盖章）：

第一联：销货方 记账凭证

图 7.8　增值税专用发票

托收凭证(受理回单)

委托日期 2021 年 09 月 19 日

业务类型		委托收款(☑邮划、□电划)			托收承付(□邮划、□电划)									
付款人	全 称	青鸟公司			收款人	全 称	吉林中天纺织厂							
	账 号	782562888				账 号	680394184-89							
	地 址	青岛市青鸟路144号	开户行	工行海办		地 址	长春市建设街	开户行	工行建设支行					
金额	人民币(大写)	陆万柒仟捌佰元整					千	百	十	万	千	百	十	元	角	分
										¥	6	7	8	0	0	0	0
款项内容		货款	托收凭据名称	增值税专用发票		附寄单证张数	1张							
商品发运情况			合险发运证件	合同名称号码										
备注:		上列款项已划回收入你方账户内。												
复核	记账			收款人开户银行签章 2021 年 9 月 25 日										

（加盖"工行建设街支行 2021.9.25 转讫"及"工行建设街支行 2021.9.25 结算专用章"印章）

图 7.9 托收凭证

3. 中天纺织厂向吉林色织布厂销售多余棉纱，根据以下业务资料（图7.10、图7.11）编制相应的记账凭证。

增值税专用发票

2021 年 9 月 25 日

购货单位	名　　称：吉林色织布厂 纳税人识别号：42070690839271 地址、电话：长春市大马路南大街566号 开户行及账号：工行南大街支行94512531-59	46+14//295/81-283/ 1*+0736025/)06059) 907(813266*26(6+61-)+ 3(1)*-(9+5/6)1)3/))29	加密版本
货物或应税劳务名称	规格型号	单位	数量	单价	金额	税率	税额
棉纱		千克	2 000	50.00	100 000.00	13%	13 000.00
合　计					100 000.00		13 000.00
价税合计(大写)	拾壹万叁仟元整			(小写)¥113 000.00			
销货单位	名　　称：吉林中天纺织厂 纳税人识别号：410501689740506 地址、电话：建设街290号 开户行及账号：工行建设支行 680394184-89	备注	

收款人：　　　　复核：　　　　开票人：　　　　销货单位(盖章)：

图 7.10 增值税专用发票

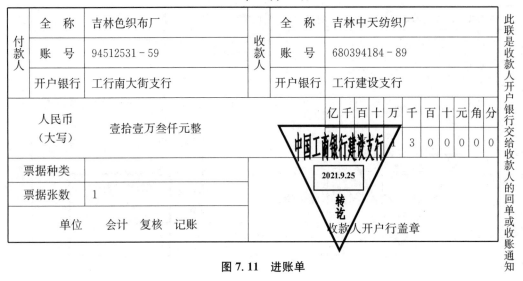

图 7.11　进账单

4. 吉林中天纺织厂 2021 年 10 月 5 日销售细绒布 20 000 米,开出增值税专用发票,收到天津棉纺织有限公司已承兑的商业汇票,该公司在确认收入时同时结转产品销售成本,要求根据原始凭证(图 7.12、图 7.13、表 7.1)编制相应的记账凭证。

增值税专用发票

购货单位	名　　称:天津棉纺织有限公司 纳税人识别号:201586793847688 地址、电话:天津市沿河大街 109 号 79628471 开户行及账号:工行朝阳支行 680561793 - 65	密码区	10〈+6+14//295/81-283/ *〈81*+0736025/〉06059〉 907〈813266*26〈6+61-〉+ 3〈1〉*-〈9+5/6〉1〉3/〉〉29	加密版本:
货物或应税劳务名称	规格型号	单位	数量	单价	金额	税率	税额
细绒布		米	20 000	30.00	600 000.00	13%	78 000.00
合　计					600 000.00		78 000.00
价税合计(大写)	陆拾柒万捌仟元整		(小写)¥678 000.00	

| 销货单位 | 名　　称:吉林中天纺织厂
纳税人识别号:410501689740506
地址、电话:建设街 290 号
开户行及账号:工行建设支行 680394184 - 89 | 备注 | |

收款人:　　　　复核:　　　　开票人:　　　　销货单位(盖章):

图 7.12　增值税专用发票

表 7.1 出库单

领料部门:销售部门　　　　　　　2021 年 10 月 05 日

物品名称	单位	应发数量	实发数量	单位成本	金额	备注
细绒布	米	20 000	20 000	20.00	400 000.00	

合计(大写) 肆拾万元整　　　　　　　　　　　　　¥400 000.00

会计:张鹏　　　　　　　保管:李红　　　　　　　领物人:李梅

商业承兑汇票

2021 年 10 月 05 日　　　　　　　　　　汇票号码

	全 称	天津棉纺织有限公司		全 称	吉林中天纺织厂	
付款人	账 号	680561793-65	收款人	账 号	680394184-89	
	开户银行	工行朝阳支行		开户银行	工行建设支行	

出票金额	人民币(大写):陆拾柒万叁仟元整	亿千百十万千百十元角分
		¥ 6 7 8 0 0 0 0 0

汇票到期日(大写)	贰零贰壹年拾贰月伍日	付款人开户行	行号	3214
交易合同号码	00605		地址	天津市沿河大街 109 号

本汇票已经本单位承兑,到期无条件支付票款。

备注:

承兑人人签章
2021 年 10 月 5 日

图 7.13 商业承兑汇票

5. 中天公司销售一批商品给乙公司,开出的增值税专用发票注明售价 100 000 元,增值税 13 000 元,货到后乙公司发现商品质量不符合合同要求,要求在价格上给予 5% 的折让。中天公司同意并办妥了相关手续,假定此前中天公司已确认该批商品的销售收入,销售款项尚未收到,中天公司应如何进行账务处理?

6. 中天公司 7 月份销售甲产品 500 件,单价是 100 元,单位销售成本是 70 元,增值税率是 13%,因商品质量出现严重质量问题于当年 8 月份全部退回,价款已退回,与退回商品相关的增值税已取得有关凭证,请对此作出相应的账务处理。

任务二 费用的核算

中天公司因延期纳税,本月以银行存款支付税收滞纳金2 000元,该笔支出会计小李将其作为本月的费用,这种做法是否合理?为什么?

1. 理解费用的概念、特点和分类。
2. 掌握费用的核算。

例1 中天公司本月以银行存款支付广告费8 000元,根据以上业务资料编制相应的记账凭证。

例2 中天公司7月份发生下列经济业务:以银行存款支付业务招待费7 000元,计提管理部门使用的固定资产折旧8 000元,分配管理部门人员工资10 000元,根据以上业务资料编制相应的记账凭证。

例3 中天公司3月份发生如下经济业务:接银行通知,已划拨本月银行借款利息9 500元,存款利息收入4 000元已入账,根据以上业务资料编制相应的记账凭证。

为完成上述任务,需要了解费用的概念、特点和分类,掌握各种费用的核算方法。

一、费用的概念

费用是指企业在日常活动中发生的、会导致所有者权益减少、与向所有者分配利润无关的经济利益的总流出。

二、费用的特点

1. 费用是企业日常活动中发生的经济利益的总流出。

只有企业日常活动中发生的利益的流出才能确认为费用,企业在非日常活动中发生的损失不确认为费用。例如,企业对外的捐赠支出、延期纳税而支付的滞纳金,都不属于企业的费用,只能作为企业的损失确认,计入营业外支出。

2. 费用会导致企业的所有者权益减少。

费用可能表现为资产的减少,如减少银行存款、存货等,这种减少一般是企业资产的耗费;也可能表现为负债的增加,如增加应付职工薪酬、应交税费等,根据"收入－费用＝利润"这一等式,其利润相应减少了,所以企业的费用最终会减少企业的所有者权益。

3. 费用与向所有者分配利润无关。

企业向所有者分配利润或股利属于企业实现利润的去向,不构成企业的费用。

三、费用的分类

为正确计算产品成本和期间费用,需要按一定标准对企业发生的费用进行分类。目前常用的有按费用的经济内容、费用的经济用途及费用与产品产量的关系三种分类标准。

（一）按经济内容分类

费用按经济内容分类,指明了企业发生的是什么费用,具体表现为企业的费用要素。工业企业的费用可分为以下九个费用要素。

1. 外购材料,是工业企业为从事生产经营而耗用的一切从外部购进的原料及主要材料、辅助材料、半成品、包装物、低值易耗品、修理用备件等。

2. 外购燃料,是工业企业为从事生产经营而耗用的一切从外部购进的各种燃料,如焦炭、汽油、石油、液化气等。

3. 外购动力,是工业企业为从事生产经营而耗用的一切从外部购进的各种动力,如电力、蒸汽等。

4. 工资,是工业企业全体职工的工资。

5. 计提的职工福利费,是工业企业按照职工工资的一定比例提取的职工福利费。

6. 折旧费,是工业企业按照规定的折旧方法计算的固定资产折旧。

7. 利息支出,是工业企业因向金融机构存贷款而发生的利息收入与利息支出的差额。

8. 税金,是工业企业从事生产金融管理活动而计入经营管理费用中的各种税金,如房产税、车船使用税、印花税等。

9. 其他支出,是工业企业在生产经营过程中发生的、不包括在以上八种费用要素中的费用,如水电费、邮电费、差旅费、报刊费、租赁费、外部加工费、招待费等。

（二）按经济用途分类

费用按经济用途分类,表明费用在生产经营过程中是干什么用的,其首先应分为计入产品成本的生产费用和不计入产品成本的期间费用。

1. 计入产品成本的生产费用。

(1) 直接材料，指直接用于产品生产且构成产品实体的原料及主要材料、外购半成品、包装物，直接用于产品生产的燃料和动力以及有助于产品形成的辅助材料等。

(2) 直接人工，指直接参加产品生产的生产工人工资及提取的职工福利费。

(3) 制造费用，指间接用于产品生产而发生的各项费用，主要为基本生产车间或分厂范围内发生的生产费用。

2. 不计入产品成本的期间费用。

(1) 管理费用，指企业行政管理部门为组织和管理生产经营活动而发生的费用，包括行政管理部门管理人员的工资及福利费、办公费、差旅费、折旧费、水电费、修理费、低值易耗品摊销、无形资产摊销、坏账损失、业务招待费、劳动保险费及税金等。

(2) 销售费用，指企业在销售产品或提供劳务过程中发生的各项费用，包括广告费、运输费、装卸费、展览费以及专设销售机构的经费等。

(3) 财务费用，指企业为筹集生产经营资金而发生的各项费用，包括银行借款利息支出、汇兑损益以及金融机构手续费等。

(三) 按与产品产量的关系分类

1. 变动费用，指费用总额随产品产量变化而变动的费用，如构成产品实体的原材料费用、与产量有关的燃料动力费用以及生产工人的计件工资等。

2. 固定费用，指在一定的产量范围内，费用总额不随产品产量的变化而变动的费用，如管理人员的工资、直线法下的固定资产折旧、长期借款的利息支出等。

四、费用的核算

(一) 销售费用的核算

为了核算企业在销售商品过程中发生的各项费用，企业应设置"销售费用"账户。

该账户借方登记企业发生的各项费用，贷方登记企业转入"本年利润"账户的销售费用，结转后期末无余额。

借：销售费用
　　贷：银行存款
　　　　应付职工薪酬
　　　　累计折旧等

(二) 管理费用的核算

核算企业为组织和管理生产经营所发生的各项管理费用，企业应设置"管理费用"账户。

该账户的借方登记企业发生的各项管理费用。月末，将本月发生的各项管理费用转入"本年利润"账户，结转后该账户无余额。

借:管理费用
　　贷:银行存款
　　　　应付职工薪酬
　　　　累计折旧等

(三) 财务费用的核算

为核算企业生产经营过程中所发生的各项财务费用,企业应设置"财务费用"账户。该账户的借方登记企业发生的各项财务费用,贷方登记企业发生的应冲减财务费用的利息收入、汇兑收益。月末,将本月发生的各项财务费用转入"本年利润"账户,结转后该账户无余额。

借:财务费用
　　贷:银行存款

操作指南

掌握了费用的核算方法,针对"任务内容"部分的三个案例,进行如下分析、处理。

例 1 属于销售费用核算业务,应作如下账务处理:

借:销售费用		8 000
贷:银行存款		8 000

例 2 属于管理费用的核算业务,应作如下账务处理:

借:管理费用——业务招待费	7 000
——折旧费	8 000
——工资	10 000
贷:银行存款	7 000
应付职工薪酬	10 000
累计折旧	8 000

例 3 属于财务费用的核算业务,应作如下账务处理:

(1) 支付利息时:

借:财务费用	9 500
贷:银行存款	9 500

(2) 收到利息收入时:

借:银行存款	4 500
贷:财务费用	450

技能训练

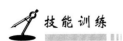

1. 吉林中天纺织厂支付环保费,根据以下原始凭证(图 7.14、图 7.15)编制相应的记账凭证。

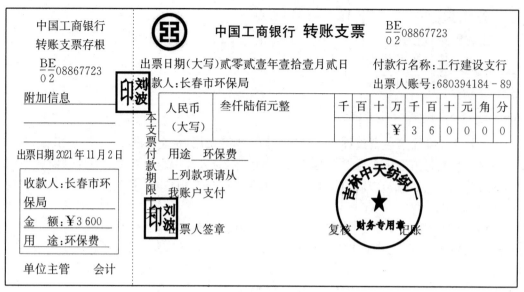

图 7.14 转账支票

图 7.15 行政事业性收费专用票据

2. 专设销售机构经费,根据以下原始凭证(图 7.16、图 7.17)编制相应的记账凭证。

长春市行政事业性收费专用票据

2021年 长春市财政局监制　　　　　　　　　　　　　　　No1201115

交款单位或个人		吉林中天纺织厂		收费许可证字号									
收费项目名称		收 费 标 准		金　　额									备　注
				百	十	万	千	百	十	元	角	分	
门市部房屋租金						1	2	0	0	0	0	0	
金　额（大写）壹万贰仟元整				¥		1	2	0	0	0	0	0	

图 7.16　行政事业性收费专用票据

中国工商银行
转账支票存根
Ⅹ Ⅵ54217321

附加信息

出票日期 2021 年 11 月 05 日

收款人:长春建设小学
金　额: ¥12 000.00
用　途:支付房屋租金
单位主管:李刚　会计:王红

图 7.17　转账支票存根

3. 中天纺织厂支付会计咨询费,根据以下原始凭证(图 7.18、图 7.19)编制相应的记账凭证。

吉林省社会服务业统一发票

客户名称：吉林中天纺织厂　　　　　　　　2021 年 11 月 07 日

项目	单位	数量	单价	金　　额								备注
				十万	万	千	百	十	元	角	分	
咨询费					１	５	０	０	０	０	０	
合计金额(大写)		壹万伍仟元整		￥	１	５	０	０	０	０	０	

收款单位：　　　　　　　　收款：李超　　　　　　开票：国力

图 7.18　社会服务业统一发票

```
中国工商银行
转账支票存根
Ⅹ Ⅵ5421369

附加信息_____
_____

出票日期 2021 年 11 月 07 日
收款人：吉林中磊会计师事
务所
金　额：￥15 000.00
用　途：支付会计咨询费
单位主管：李刚　会计：王红
```

图 7.19　转账支票存根

4. 吉林中天纺织厂购买印花税，印花税票已粘贴并注销，相关报销凭证如表 7.2 所示，根据原始凭证编制相应原记账凭证。

表 7.2 印花税票报销专用凭证

2021 年 11 月 20 日

购买单位：中天纺织厂

印花税票面值	单位	数量	税					额		备注
			十	万	千	百	十	元	角	
壹角	枚									
贰角	枚									
伍角	枚									
壹元	枚									
贰元	枚	20					4	0	0	
伍元	枚	100				5	0	0	0	
壹拾元	枚	50				5	0	0	0	
伍拾元	枚	10				5	0	0	0	
壹佰元	枚	5				5	0	0	0	
合计人民币（大写） 贰仟零肆拾元整				2	0	4	0	0		

5. 吉林中天纺织厂缴纳城镇土地使用税和车船税，根据以下相关凭证、票据（表 7.3、表 7.4）编制相应的记账凭证。

表 7.3 应交城镇土地使用税计算表

2021 年 12 月 31 日

项目	实际占地面积（平方米）	应税面积（平方米）	土地等级	适用税额	全年应纳税额
	90 000	70 000	1	2 元/平方米	140 000.00
合计	90 000	70 000	1	2 元/平方米	140 000.00

表 7.4 应交车船税计算表

2021 年 12 月 31 日

车船类别	计税标准	数量	单位税额	全年应纳税额
载货汽车	净吨位	50	60.00	3 000.00
小轿车	辆	5	200.00	1 000.00
合计				4 000.00

任务三 利润的核算

 情境引入

利润是企业一定会计期间的经营成果,是企业在一定会计期间内实现的收入减去有关成本、费用后的余额。收入大于相关的成本、费用时,体现为企业获取的利润;收入小于相关的成本、费用时,体现为企业发生的亏损。会计小李如何核算企业的财务成果?如何通过财务成果形成过程的分析,对企业的生产经营提供有效的建议?

 学习目标

1. 理解利润的概念、构成。
2. 掌握营业利润、利润总额和净利润的计算。
3. 掌握所得税的有关概念以及所得税的计算与核算。

任务内容

例1 中天公司2021年度取得主营业务收入5 000万元,其他业务收入1 800万元,投资净收益700万元,营业外收入250万元;发生主营业务成本3 500万元,其他业务成本1 400万元,税金及附加60万元,销售费用380万元,管理费用340万元,财务费用120万元,资产减值损失150万元,公允价值变动净损失1 000万元,营业外支出200万元,本年度所得税费用520万元。中天公司如何进行账务处理?

例2 中天公司本年度实现利润总额300万元,当年因违反税法规定支付罚款和滞纳金7万元,投资收益中有国债利息收入10万元,按税法规定不能在税前列支的向投资者支付的股息9万元。无其他纳税调整项目,且假设不存在"递延所得税负债"和"递延所得税资产"。公司1~11月已转应交所得税62万元,实际已预交所得税60万元,所得税税率为25%。中天公司如何进行年终汇算清缴及账务处理?

例3 中天公司本年度实现利润总额220万元。当年支付的非广告性赞助支出6万元;超过税法规定标准的业务招待费5万元;投资收益中有国债利息收入3万元。公司递延所得税资产年初数为12万元,年末数为10万元;递延所得税负债年初数为29万元,年末数为37万元。所得税税率为25%,假定该公司年度内未结算、预缴过所得税。如何计算并确定年终所得税费用?如何进行账务处理?

例4 中天公司本年的净利润500万元,按10%提取法定盈余公积,按8%提取任意盈余公积,把50万元转作资本,决定按全年净利润的30%分配给投资者。上一年度结存的未分配利润100万元。请计算应提取的项目并进行账务处理。

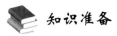知识准备

为完成上述任务,需要了解利润的概念、构成,掌握营业利润、利润总额、净利润的计算,掌握所得税的有关概念与核算方法。

一、利润的概念及构成

利润是指企业在一定会计期间的经营成果,是企业在一定会计期间内实现的收入减去有关成本、费用后的净额。收入大于相关的成本和费用时,体现为企业获取的利润,收入小于相关的成本和费用时,体现为企业发生的亏损。

企业利润包括营业利润、营业外收支净额等内容,减去所得税费用,为企业的净利润。

计算公式如下:

利润总额＝营业利润＋营业外收入－营业外支出

净利润＝利润总额－所得税费用

营业利润＝营业收入－营业成本－税金及附加－销售费用－管理费用
　　　　－财务费用－资产减值损失±公允价值变动损益±投资净收益

其中,

营业收入＝主营业务收入＋其他业务收入

营业成本＝主营业务成本＋其他业务成本

二、本年利润的核算

企业应设置"本年利润"账户(图 7.20),核算企业当期实现的净利润或发生的净亏损,年度终了,将余额转入"利润分配——未分配利润"账户,结转后无余额。

本年利润(所有者权益)

从各损益类账户转来的支出	从各损益类账户转来的收入
亏损	利润

图 7.20 "本年利润"账户

具体核算方法如下:

1. 结转各项收入时:

借:主营业务收入
　　其他业务收入
　　投资收益
　　营业外收入
　贷:本年利润

2. 结转各项费用时：

借：本年利润
　　贷：主营业务成本
　　　　税金及附加
　　　　其他业务成本
　　　　销售费用
　　　　管理费用
　　　　财务费用
　　　　营业外支出

3. 年度终了，应将"本年利润"账户余额转入"利润分配——未分配利润"账户。

（1）若为净利润：

借：本年利润
　　贷：利润分配——未分配利润

（2）若为净亏损：

借：利润分配——未分配利润
　　贷：本年利润

三、所得税费用的核算

（一）所得税的概念

企业所得税是对在我国境内从事生产经营活动和其他经济活动的企业就其生产经营所得和其他所得征收的一种税。它体现了国家与企业之间的分配关系。经营所得是指企业根据税法规定确认从事生产经营所取得的所得；其他所得是指企业通过非日常经营活动获得的所得，如股利、利息（不含国库券利息）、租金、处置各类资产收益等。

（二）所得税费用的确认和计量

所得税费用，是指从企业当期利润总额中扣除的，应当计入当期利润表的所得税费用。它是企业在计算确定当期所得税和递延所得税费用（或收益）的基础上形成的，但不受直接计入所有者权益的交易或事项的所得税影响。计算公式为

所得税费用（或收益）＝当期所得税＋递延所得税费用（－递延所得税收益）

1. 当期所得税费用。

当期所得税，是指当期应税所得额和适用税率计算确定的当期应缴纳的所得税，也就是应缴纳给税务机关的所得税额。根据我国现行所得税法的规定，企业所得税的基本计算公式为

当期应交所得税＝当期应纳税所得额 × 适用税率

由于财务会计与税收服务的目的和遵循原则的不同，按会计核算方法确定的利润总

额与税法规定的应纳税所得额是不一定相同的。所以,在计算确定当期应纳税所得额时,需要在利润总额基础上进行纳税调整处理,即

当期应纳税所得额＝当期利润总额＋纳税调整增加项目－纳税调整减少项目

(1) 纳税调整增加项目主要有:① 超过税法规定标准的业务招待费、广告费、借款利息、业务宣传费支出、捐赠等;② 税法规定不允许税前扣除的项目,如税收滞纳金、罚款、罚金等;③ 企业自产产品用于工程建设、非货币性福利的应计税收入;④ 固定资产折旧、无形资产摊销等由于会计确认年限短于税法规定年限而形成的差额,赞助支出,未经核定的准备支出等。

(2) 纳税调整减少项目主要有:① 取得免税国债利息收益;② 固定资产折旧、无形资产摊销等由于会计确认年限长于税法规定年限而形成的差额等。

2. 递延所得税费用。

递延所得税费用,是指按照企业会计准则规定应予确认的递延所得税资产和递延所得税负债在期末应有的金额减去相对于原已确认金额的差额,即递延所得税资产和递延所得税负债的当期发生额。计算公式为

递延所得税费用＝递延所得税负债增加额＋递延所得税资产减少额

＝(期末递延所得税负债－期初递延所得税负债)

＋(期初递延所得税资产－期末递延所得税资产)

递延所得税收益＝递延所得税负债减少额＋递延所得税资产增加额

3. 计税基础。

计税基础分为资产的计税基础和负债的计税基础。

(1) 资产的计税基础,是指企业在收回资产账面价值过程中,计算应纳税所得额时按照税法规定可以自应税经济利益中抵扣的金额,即某一项资产在未来期间计税时按照税法规定可以税前扣除的金额。计算公式为

资产的计税基础＝未来可税前列支的金额

如果某项资产所产生的未来经济利益无需纳税,则资产的计税基础即为账面价值。

通常情况下,资产在取得时其入账价值与计税基础是相同的,后续计量过程中因企业会计准则与税法规定不同,可能产生资产的账面价值与其计税基础的差异。

(2) 负债的计税基础,是指负债的账面价值减去未来期间计算应纳税所得额时按照税法规定可予以抵扣的金额。计算公式为

负债的计税基础＝负债的账面价值－未来期间按税法规定可予税前扣除的金额

4. 暂时性差异。

暂时性差异,是指资产、负债的账面价值与其计税基础不同产生的差异。按照暂时性差异对未来期间应税金额的影响,分为应纳税暂时性差异和可抵扣暂时性差异。

(1) 应纳税暂时性差异,是指在确定未来收回资产或清偿负债期间的应纳税所得额时,将导致产生的应税金额的暂时性差异。一般情况下是资产的账面价值大于其计税基础和负责的账面价值小于其计税基础时产生的差异。在应纳税暂时性差异产生当期,应确认相关的递延所得税负债。

（2）可抵扣暂时性差异，是指在确定未来收回资产或清偿负债期间的应纳税所得额时，将导致产生可抵扣金额的暂时性差异。一般情况下是资产的账面价值小于其计税基础和负债的账面价值大于其计税基础时所产生的差异。在可抵扣暂时性差异产生当期，应确认相关的递延所得税资产。

（三）所得税费用核算的账户设置

企业应设置"所得税费用"、"递延所得税资产"、"递延所得税负债"等账户进行所得税费用的核算。

1．"所得税费用"账户。

该账户核算企业确认的应从当期利润总额中扣除的所得税费用。借方登记企业按照税法规定计算确定的当期应交所得税和发生的递延所得税费用，贷方登记发生的递延所得税收益和期末转入"本年利润"账户的所得税费用。期末结转后该账户无余额。"所得税费用"账户可按"当期所得税费用"和"递延所得税费用"设置明细账户，进行明细分类核算。

2．"递延所得税资产"账户。

该账户核算企业确认的可抵扣暂时性差异产生的递延所得税资产。借方登记企业确认及增加的递延所得税资产，贷方登记减少的递延所得税资产，期末余额在借方，反映企业确认的递延所得税资产。"递延所得税资产"账户，应按可抵扣暂时性差异等项目设置明细账户，进行明细分类核算。

3．"递延所得税负债"账户。

该账户核算企业确认的应纳税暂时性差异产生的所得税负债。贷方登记企业确认及增加的递延所得税负债，借方登记减少的递延所得税负债，期末余额在贷方，反映企业确认的递延所得税负债。"递延所得税负债"账户，可按应纳税暂时性差异的项目设置明细账户，进行明细分类核算。

（四）所得税费用的账务处理

企业按照税法规定计算确定的当期应交所得税，应借记"所得税费用"（当期所得税费用）账户，贷记"应交税费——应交所得税"账户。根据递延所得税资产的应有余额大于其账面余额的差额，借记"递延所得税资产"账户，贷记"所得税费用（递延所得税费用）"账户；递延所得税资产应有余额小于其账面余额的差额，作相反的账务处理。递延所得税负债的应有余额大于其账面余额的，按其差额，借记"所得税的费用（递延所得税费用）"账户，贷记"递延所得税负债"账户；递延所得税负债的应有余额小于其账面余额的差额，作相反的账务处理。

企业发生的所得税费用，应于期末转入本年利润，借记"本年利润"账户，贷记"所得税费用"账户。

企业以银行存款缴纳（或预交）所得税时，应借记"应交税费——应交所得税"账户，贷记"银行存款"账户。

根据税法规定,企业所得税实行分月或分季预缴(预缴申报、预缴纳税),按纳税年度进行汇总结算,并进行全年的汇算清缴。

四、利润分配的核算

(一)利润分配的概念

利润分配指企业根据国家有关规定和投资者的决议,对企业净利润所进行的分配。

(二)利润分配的顺序

根据我国我国有关法规的规定,企业当期实现的净利润加上年初未分配的利润(或减去年初未弥补亏损)和其他转入后的余额为可供分配的利润,可供分配的利润按下列顺序分配:

1. 弥补以前年度亏损,企业发生的亏损可以用以后年度实现的利润进行弥补,但连续弥补期不得超过5年,连续抵补期超过5年的用税后利润弥补。
2. 提取法定盈余公积,是指企业根据有关法律的规定,按照净利润的10%提取的盈余公积,法定盈余公积达到企业注册资本的50%以上时,可以不再提取。
3. 提取任意盈余公积,是指企业按股东大会决议提取的任意盈余公积。
4. 应付股利或利润,是指企业按照利润分配方案分配给股东的现金股利,也包括非股份有限公司分配给投资者的利润。
5. 转作股本的股利,是指企业按照利润分配方案以分派股票股利的形式转作股本的股利。

(三)利润分配的核算

企业设置"利润分配"账户(图7.21),核算净利润的分配(或亏损的弥补)以及历年结存的未分配利润(或未弥补的亏损)。

利润分配(所有者权益)

利润的分配数及年终亏损的转入数	亏损的弥补数及年终利润的转入数
历年累计未弥补的亏损	历年累计未分配的利润

图 7.21 "利润分配"账户

具体核算方法如下:
1. 企业提取盈余公积时:
借:利润分配——提取法定盈余公积
　　　　　——提取任意盈余公积
　贷:盈余公积——法定盈余公积

——任意盈余公积

2. 企业经股东大会或类似机构决议分配现金股利或利润时：

借：利润分配——应付股利

　　贷：应付股利

3. 分配股票股利，在办完增资手续后：

借：利润分配——转作股本的股利

　　贷：股本

4. 年度终了，企业应将"利润分配"账户所属其他明细账户的余额转入"利润分配——未分配利润"明细账户。结转后，"利润分配——未分配利润"账户如为贷方余额，表示累计未分配利润的数额；如为借方余额，则表示累计未弥补的亏损数额。

借：利润分配——未分配利润

　　贷：利润分配——提取法定盈余公积

　　　　　　　　——提取任意盈余公积

　　　　　　　　——应付现金股利或利润

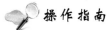操作指南

掌握了利润的核算方法，针对"任务内容"部分的四个案例，进行如下分析、处理。

例1 属于年终结转各损益类账户余额，应作如下账务处理：

(1) 2021年12月31日，结转各损益类账户的余额：

借：主营业务收入	50 000 000
其他业务收入	18 000 000
投资收益	7 000 000
营业外收入	2 500 000
贷：本年利润	77 500 000
借：本年利润	67 700 000
贷：主营业务成本	35 000 000
税金及附加	600 000
其他业务成本	14 000 000
销售费用	3 800 000
管理费用	3 400 000
财务费用	1 200 000
营业外支出	2 000 000
资产减值损失	1 500 000
公允价值变动损益	1 000 000
所得税费用	5 200 000

(2) 2021年12月31日，结转本年净利润：

借:本年利润 9 800 000
  贷:利润分配——未分配利润 9 800 000

例2 属于年终所得税的计算与核算,应作如下账务处理:

  全年应纳税所得额=3 000 000+70 000-100 000+90 000=3 060 000(元)
  全年(当期)应缴所得税=3 060 000×25%=765 000(元)

(1) 年终结转应交所得税为765 000-620 000=145 000(元)

借:所得税费用——当期所得税费用 145 000
  贷:应交税费——应交所得税 145 000

(2) 尚未缴纳的所得税为765 000-600 000=165 000(元),以银行存款实际缴纳所得税时:

借:应交税费——应交所得税 165 000
  贷:银行存款 165 000

(3) 年末,将"所得税费用"账户余额转入"本年利润"账户:

借:本年利润 145 000
  贷:所得税费用——当期所得税费用 145 000

  该公司本年度净利润=3 000 000-765 000=2 235 000(元)

例3 属于年终所得税费用的计算与核算,应作如下账务处理:

  全年纳税所得额=2 200 000+60 000+50 000-30 000=2 280 000(元)
  当期(全年)应交所得税=2 280 000×25%=570 000(元)
  递延所得税费用=(370 000-290 000)+(120 000-100 000)=100 000(元)
  所得税费用=570 000+100 000=670 000(元)

(1) 结转当期应缴所得税时:

借:所得税费用——当期所得税费用 570 000
  贷:应交税费——应交所得税 570 000

(2) 结转递延所得税费用时:

借:所得税费用——递延所得税费用 100 000
  贷:递延所得税资产 20 000
    递延所得税负债 80 000

(3) 以存款缴纳本年所得税时:

借:应交税费——应交所得税 57 000
  贷:银行存款 57 000

(4) 将本年度的所得税费用,转入"本年利润"账户:

借:本年利润 670 000
  贷:所得税费用——当期所得税费用 570 000
      ——递延所得税费用 100 000

例4 属于年终利润分配的核算,应作如下账务处理:

  本年可供分配的利润=100+500=6 000 000(元)

分配利润：

$$应提取法定盈余公积=500×10\%=500\,000(元)$$
$$应提取任意盈余公积=500×8\%=400\,000(元)$$
$$应分配给投资者的利润=500×30\%=1\,500\,000(元)$$
$$转增资本=500\,000(元)$$

提取法定盈余公积：

借:利润分配——提取法定盈余公积	500 000
贷:盈余公积——提取法定盈余公积	500 000

提取任意盈余公积：

借:利润分配——提取任意盈余公积	400 000
贷:盈余公积——提取任意盈余公积	400 000

分配给投资者利润：

借:利润分配——应付股利	1 500 000
贷:应付股利	1 500 000

转增资本：

借:利润分配——转作资本的利润	500 000
贷:实收资本	500 000

年末结转本年实现的净利润和利润分配所属的各个明细账户：

借:本年利润	5 000 000
贷:利润分配——未分配利润	5 000 000
借:利润分配——未分配利润	2 900 000
贷:利润分配——提取法定盈余公积金	500 000
——提取任意盈余公积金	400 000
——应付利润	1 500 000
——转作资本的利润	500 000

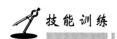

技能训练

1. 吉林中天纺织厂 2021 年 12 月 31 日各损益类账户余额如表 7.5 所示，请你作出相应的账务处理。

表 7.5 损益类账户余额表

2021 年 12 月 31 日　　　　　　　　　　　　　　　　单位:元

账户名称	借方金额	贷方金额
主营业务收入		400 000.00
其他业务收入		200 000.00
投资收益		100 000.00

续表

账户名称	借方金额	贷方金额
营业外收入		40 000.00
主营业务成本	250 000.00	
其他业务成本	140 000.00	
税金及附加	30 000.00	
管理费用	50 000.00	
财务费用	5 000.00	
销售费用	30 000.00	
营业外支出	30 000.00	
所得税费用	20 000.00	
合计	555 000.00	740 000.00

2. 中天纺织厂计提与结转所得税如表7.6所示,请你作出相应的账务处理。

表 7.6 应交所得税计算表

2021年12月31日

本月利润总额	加上纳税调整项目	本月应纳税所得额	税率	本月应交所得税
800 000.00	200 000.00	1 000 000.00	25%	250 000.00

3. 中天纺织厂2021年年末进行利润分配,如表7.7所示,请你作出相应的账务处理。

表 7.7 利润分配计算表

2021年12月

项 目	计提率	金 额
净利润		1 000 000.00
减:弥补以前年度亏损		0
本期应提取法定盈余公积	10%	100 000.00
加:年初未分配利润		200 000.00
盈余公积补亏		0
可供投资者分配的利润		1 100 000.00
应付给投资者的现金股利		300 000.00
年末未分配利润		800 000.00

项目八 所有者权益的核算

任务一 所有者权益概述及投入资本的核算

 情境引入

光华有限公司是由甲、乙两位投资者各出资400万元设立的,设立时的实收资本800万元。经过3年的经营,该公司的留存收益为300万元。这时,投资者丙有意加入该公司,丙也出资400万元与甲、乙享有同样的权益,这种做法是否合理?为什么?

 学习目标

1. 理解所有者权益概念、构成。
2. 掌握投入资本的概念及投入资本的核算。

 任务内容

例1 中天公司由甲、乙、丙三个投资者共同出资设立,注册资本800万元。其中,甲投资者投入货币资金480万元,占公司股份的60%;乙投资者投入一批原材料,增值税专用发票注明的材料价款为100万元,增值税额13万元,占公司股份的15%;丙投资者投入一项专利权,投资各方确认的价值200万元,占公司股份的25%。中天公司如何进行账务处理?

例2 中天公司由甲、乙、丙三个法人单位作为投资者共同出资确立,其中,甲公司占40%的股份,乙公司和丙公司各占30%的股份,现因资本相对过剩,盈利能力下降,经批准中天公司减少注册资本100万元,以银行存款支付。中天公司如何进行账务处理?

 知识准备

为完成上述任务,需要了解所有者权益的概念、构成,掌握投入资本的概念和投入资本的核算方法。

一、所有者权益的概念和特征

所有者权益是指企业资产扣除负债后由所有者享有的剩余权益,其金额为资产减去负债后的余额。所有者权益的来源包括所有者投入的资本,直接计入所有者权益的利得和损失、留存收益等。

所有者权益具有以下基本特征：

(1) 所有者投资所形成的资产可供企业长期使用,无需归还,除非企业发生减资、清算等情况,企业不需要偿还所有者权益。

(2) 所有者投资所形成的资产是企业清偿债务的物资保证。

(3) 所有者凭借所有者权益能够参与企业的利润分配,同时也承担企业的经营风险。

二、所有者权益的构成

所有者权益包括实收资本、资本公积、盈余公积和未分配利润。一般而言,实收资本和资本公积都属于投入资本范畴,是由所有者直接投入的,如所有者的投入资本、资本溢价等；而盈余公积和未分配利润是由企业在生产经营过程中所实现的利润留存在企业所形成的,因此盈余公积和未分配利润统称为留存收益。

三、实收资本的概念及核算

(一) 实收资本的概念

实收资本是指企业投资者按照企业章程或合同、协议的规定,实际投入企业的资本。

我国目前实行的是注册资本制,即要求企业的实收资本与注册资本一致。企业实有资金比原注册资金增减超过 20% 的,应持资金使用证明或验资证明向原登记主管机关申请变更登记。注册资本是企业在工商行政管理局登记的注册资金,是投资者缴纳的出资额。

实收资本按投资主体的不同,可以分为国家资本、法人资本、个人资本和外商资本等。

(二) 实收资本的账务处理

为了反映和监督投资者投入资本的增减变动情况,企业应设置"实收资本"账户(图 8.1),对资本增减业务进行会计核算。

实收资本(所有者权益)	
按规定程序减少的注册资本	实收资本的增加
	资本的实有数额

图 8.1　"实收资本"账户

1. 企业接受投资者以人民币资产投入的资本,应以实际收到的金额,借记"银行存款"账户,按投资者应享有企业注册资本的份额计算的金额,贷记"实收资本"账户;若实际收到的金额与享有的份额计算的金额有差异,则按其差额贷记"资本公积——资本溢价"账户。

2. 企业接受投资者以非现金资产投入的资本,按投资各方确认的价值,借记"固定资产"、"原材料"、"库存商品"、"无形资产"等有关资产账户,按投资者应享有企业注册资本的份额计算的金额,贷记"实收资本"账户;若投资各方确认的价值与享有的份额计算的金额有差异,则按其差额贷记"资本公积——资本溢价"账户。

3. 企业按法定程序报经批准减少注册资本时,借记"实收资本"账户,贷记"库存现金"、"银行存款"等账户;并应当将因减资而使股份发生变动的情况,在"实收资本"账户的有关明细账及备查簿中详细记录。

操作指南

掌握了所有者权益概述及投入资本的核算方法,针对"任务内容"部分的两个案例,进行如下分析、处理。

例1　属于接受投资者投资业务,应作如下账务处理:

借:银行存款	4 800 000
原材料	1 000 000
应交税费——应交增值税(进项税额)	130 000
无形资产	2 000 000
贷:实收资本——甲投资者	4 800 000
——乙投资者	1 130 000
——丙投资者	2 000 000

例2　属于减少注册资本业务,应作如下账务处理:

借:实收资本——甲投资者	400 000
——乙投资者	300 000
——丙投资者	300 000
贷:银行存款	1 000 000

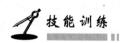

技能训练

1. 中天纺织厂于2021年12月30日接受松原纺织厂投资,根据以下业务资料(图8.2、图8.3)编制相应的记账凭证。

投资协议书

投资单位:松原纺织厂
被投资单位:吉林中天纺织厂

经双方协商,吉林中天纺织厂同意接受松原纺织厂以货币资金投资,投资额为3 000 000 元,享有吉林中天纺织厂注册资本 20%的股权,每年按此分配吉林中天纺织厂的净利润。

投资人:松原纺织厂　　　　　　　被投资人:吉林中天纺织厂
2021 年 12 月 30 日　　　　　　　2021 年 12 月 30 日

图 8.2　投资协议书

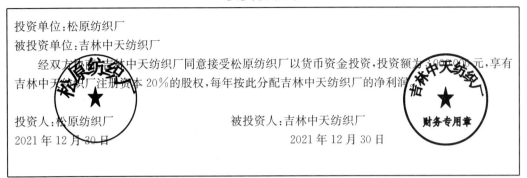

图 8.3　进账单

2. 吉林中天纺织厂 2021 年 12 月 30 日接受大连纺织机械厂投资的全新货车一辆,评估价格 200 000 元,货币资金 500 000 元,已办妥交接手续。根据以下业务资料(图 8.4、图 8.5、表 8.1)编制相应的记账凭证。

投 资 协 议 书

投资单位:大连纺织机械厂厂

被投资单位:吉林中天纺织厂

　　经双方协商,吉林中天纺织厂同意接受大连纺织机械厂以全新货车一辆200 000元和货币资金投资500 000元,投资总额700 000元,享有吉林中天纺织厂注册资本10%的股权,每年按比例分配吉林中天纺织厂的净利润。

投资人:大连纺织机械厂　　　　　　被投资人:吉林中天纺织厂
2021年12月30日　　　　　　　　　　2021年12月30日

图8.4　投资协议书

表8.1　固定资产移交使用验收单

2021年12月30日

投资方	大连纺织机械厂			接受投资方		吉林中天纺织厂	
固定资产名称	规格型号	单位	数量	预计使用年限	评估价值	原始价值	已提折旧
货车		辆	1	10	200 000.00	200 000.00	
				受资方验收人:张辉			

固定资产管理部门:林林　　　固定资产使用部门:吴红　　　财会部门:李海英

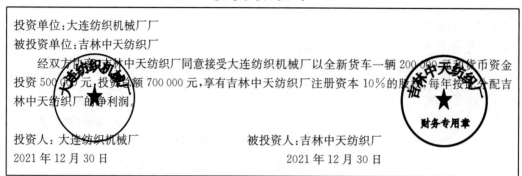

图8.5　进账单

3. 吉林中天纺织厂经股东会决议,并经有关部门批准,于2021年12月用资本公积转增资本2 000 000元,转增比例为大连纺织机械厂10%,松原纺织厂20%,天津棉纺织股份有限公司40%,鞍山棉纺织厂30%。根据以下业务资料(表8.2)编制相应的记账凭证。

表8.2 吉林中天纺织厂资本公积转增资本方案表

为增强公司资本实力,根据公司股东会[2021]10号决议,公司决定用资本公积2 000 000元按原投资各方的投资比例转增资本,具体方案如下:

项目	金额	项目	金额
转增资本总额	2 000 000.00	天津棉纺织股份有限公司	800 000.00
大连纺织机械厂	200 000.00	鞍山棉纺织厂	600 000.00
松原纺织厂	400 000.00	股东会决议另附	

任务二　资本公积的核算

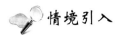 情境引入

光华有限公司是由甲、乙两位投资者各出资400万元设立的,设立时的实收资本800万元。经过3年的经营,该公司的留存收益为300万元。这时,又有投资者丙有意加入该公司,并享有与甲、乙两位投资者同等权利。按照投资协议丙出资500万元,光华有限公司收到这笔投资应如何进行会计处理?

 学习目标

1. 理解资本公积的概念、内容。
2. 掌握资本公积的核算。

 任务内容

例1 中天公司由两位投资者共投资200 000元设立,每人各出资100 000元,一年后,为了扩大经营规模,经批准,中天公司注册资本增加到300 000元,并吸收第三位投资者加入,按照投资协议,新投资者需缴入现金110 000元,同时享有该公司三分之一的股权。中天公司在收到第三位投资者投资时应如何进行账务处理?

例2 中天有限责任公司于2021年1月1日向F公司投资8 000 000元,拥有F公司20%的股份,并对该公司有重大影响,因而对F公司的长期股权投资采用权益法核算。2021年12月31日,F公司净损益以外的所有者权益增加了1 000 000元。假定除此以

外,F公司所有者权益没有其他变化,中天公司的持股比例没有变化,F公司资产的账面价值与公允价值一致,在不考虑其他因素的情况下,中天公司应如何进行账务处理?

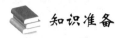知识准备

为完成上述任务,需要了解资本公积的概念、内容,掌握资本公积的核算。

一、资本公积的概念、内容

资本公积是企业收到的投资者出资额超出其在注册资本中所占份额的部分,以及直接计入所有者权益的利得和损失等,资本公积包括资本溢价和直接计入所有者权益的利得和损失等。

二、资本公积的核算

企业应设置"资本公积"账户(图8.6),用来核算资本公积的增减变动情况。

资本公积(所有者权益类)

用资本公积转增资本	资本溢价、产生的其他资本公积
	实有的资本公积

图 8.6 "资本公积"账户

具体核算方法:

1. 资本溢价的处理。

由于企业创立时投资者出资作为注册资本,全部记入"实收资本"账户,企业经过一段时间的生产经营,已经积累了大量的留存收益,企业的净资产往往大于注册资本,这时新的投资者加入,就会与原投资者一起分享这些权益。因此,新加入的投资者要付出大于原投资者的出资额,才能取得与原投资者相同的投资比例,这就造成企业新的投资者投入的资金会超过其在注册资本中所占份额,超过部分作为资本溢价计入"资本公积"账户。投资者投入的资本等于按其投资比例计算的出资额,应计入"实收资本"账户,超过的部分应计入"资本公积——资本溢价"账户。

借:银行存款
　　贷:实收资本
　　　　资本公积——资本溢价

2. 其他资本公积的处理。

其他资本公积是指除资本溢价项目以外所形成的资本公积,主要包括:可供出售金融资产公允价值变动、采用权益法核算长期股权投资,在持股比例不变的情况下,被投资方除净损益以外的其他所有者权益变动所引起的长期股权投资账面价值的变动及可供出售金融资产的公允价值变动差额等。

借:长期股权投资——某公司
　　贷:资本公积——其他资本公积

3. 资本公积转增资本的处理。

资本公积属于非收益转化而形成的公积金,作为一项准资本归由所有者所有,可以按法定程序转增资本,但不得用于弥补公司亏损。企业经股东大会或类似机构决议,用资本公积转增资本时:

借:资本公积
　　贷:实收资本

操作指南

掌握了资本公积的核算方法,我们对"任务内容"部分的任务案例进行了分析、处理。

例 1 属于资本溢价的核算,应作如下业务处理:

借:银行存款　　　　　　　　　　　　　　　　　　　　　　　　110 000
　　贷:实收资本　　　　　　　　　　　　　　　　　　　　　　　100 000
　　　　资本公积——资本溢价　　　　　　　　　　　　　　　　　 10 000

例 2 属于权益法核算长期股权投资时,被投资公司净损益以外其他所有者权益的变动,投资方按持股比例计算增加的资本公积业务,应作如下业务处理:

$$中天公司应增加的资本公积 = 1\,000\,000 \times 20\% = 200\,000(元)$$

借:长期股权投资——F公司　　　　　　　　　　　　　　　　　200 000
　　贷:资本公积——其他资本公积　　　　　　　　　　　　　　　200 000

技能训练

1. 吉林中天纺织厂经股东会决议,并经有关部门批准,于2021年12月用资本公积转增资本2 000 000元,转增比例为大连纺织机械厂10%,松原纺织厂20%,天津棉纺织股份有限公司40%,鞍山棉纺织厂30%,根据以下业务资料(表8.3)编制相应的记账凭证。

表 8.3　吉林中天纺织厂资本公积转增资本方案表

为增强公司资本实力,根据公司股东会[2021]10号决议,公司决定用资本公积2 000 000元按原投资各方的投资比例转增资本,具体方案如下:

项目	金额	项目	金额
转增资本总额	2 000 000.00	天津棉纺织股份有限公司	800 000.00
大连纺织机械厂	200 000.00	鞍山棉纺织厂	600 000.00
松原纺织厂	400 000.00	股东会决议另附	

2. 中天公司原由A、B、C三位投资者共同投资设立,每人各出资1 000 000元,经过

几年的经营,企业留存收益为 2 000 000 元。现投资者 D 要加入该企业,并表示愿出资 1 500 000 元享有与其他三位股东同等的权力,股东会同意并办妥了增资手续,收到 D 投资者的投资时应如何进行账务处理?

任务三　盈余公积的核算

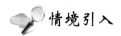

由于市场需求份额的减少,企业上一年度出现亏损,为了保证今年的生产经营活动正常进行,经董事会决定动用盈余公积弥补亏损,会计上应如何处理盈余公积弥补亏损?

1. 理解盈余公积的概念、内容,了解盈余公积的作用。
2. 掌握盈余公积的核算。

例 1　中天公司本年的净利润 300 万元,按 10%提取法定盈余公积,按 8%提取任意盈余公积,根据以上业务资料编制相应的记账凭证。

例 2　中天公司本年经营亏损 120 万元,经股东大会决议动用以前年度的盈余公积弥补亏损,根据以上业务资料编制相应的记账凭证。

例 3　中天公司因本年业绩不佳,发生亏损。为了维护公司的形象,公司董事会决定动用以前年度的盈余公积发放股利 30 万元,根据以上业务资料编制相应的记账凭证。

为完成上述任务,需要了解盈余公积的概念、内容和作用,掌握盈余公积的核算方法。

一、盈余公积的概念、内容

盈余公积是指企业按照规定从净利润提取的积累资金,主要包括:

(1) 法定盈余公积,是指企业按照规定的比例从净利润提取的盈余公积,是国家强制提取的公积金,主要是为了防止企业因过度分配增加经营风险,根据我国《公司法》的规定,有限责任公司和股份有限公司应按照净利润的 10%提取法定盈余公积,计提的法定盈余公积累计达到注册资本的 50%时,可不再提取。而非公司制企业可以超过净利润的

10%提取。

（2）任意盈余公积，是指企业经股东大会或类似机构批准按规定的比例，从净利润中提取的盈余公积。任意盈余公积是企业出于实际需要或采取谨慎的经营策略，自愿提取的一项公积金。

二、盈余公积的作用

1. 弥补亏损。税前利润弥补亏损，弥补期限不得超过 5 年，5 年后仍有亏损，用税后利润补亏，税后利润不足以补亏的，可动用盈余公积补亏。

2. 转增资本。用盈余公积转增资本时，要按原投资比例转增资本，以保证转增资本后原有的投资比例不变，并且转增资本后留存的盈余公积不少于注册资本的 25%。

3. 发放利润或分配股利。当公司无利润时，就很难发放现金股利给予投资者回报，为维护企业形象，确保企业拥有良好的信誉，对符合条件的企业可用盈余公积发放现金股利且分配股利后的盈余公积不得少于注册资本的 25%。

三、盈余公积的核算

企业应设置"盈余公积"账户（图 8.7），对盈余公积的提取、使用及结存情况进行核算和监督。

盈余公积（所有者权益类）

盈余公积的使用数	按规定提取的盈余公积数
	盈余公积的结存数

图 8.7 "盈余公积"账户

具体核算方法如下：

1. 企业提取盈余公积时：
借：利润分配——提取法定盈余公积
　　　　　——提取任意盈余公积
　贷：盈余公积——法定盈余公积
　　　　　——任意盈余公积

2. 盈余公积补亏：
借：盈余公积
　贷：利润分配——其他转入

3. 盈余公积转增资本：
借：盈余公积
　贷：实收资本

4. 用盈余公积发放利润或分配股利：

借：盈余公积
　　贷：应付股利

四、未分配利润的核算

未分配的利润，是指企业实现的净利润经过弥补亏损、提取盈余公积、向投资者分配利润后留存企业的历年结存的净利润。未分配的利润计算公式如下：

未分配利润＝期初未分配的利润＋本期净利润－本期已分配的利润

未分配利润的核算应设置"利润分配——未分配的利润"账户，它的核算内容有：

1. 年终结转全年实现的净利润：

借：本年利润
　　贷：利润分配——未分配的利润

2. 年终结转全年实现的净亏损：

借：利润分配——未分配的利润
　　贷：本年利润

3. 年终结转全年已分配的利润：

借：利润分配——未分配的利润
　　贷：利润分配——提取法定盈余公积
　　　　　　　　——提取任意盈余公积
　　　　　　　　——应付股利

结转后"未分配的利润"明细账的贷方余额，反映企业历年积存的未分配利润；如出现借方余额，反映企业历年积存的未弥补的亏损。

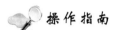

操作指南

掌握了盈余公积的核算方法，我们对"任务内容"部分的任务案例进行分析、处理。

例1 属于计提盈余公积业务，应作如下账务处理：

借：利润分配——提取法定盈余公积	300 000
——提取任意盈余公积	240 000
贷：盈余公积——法定盈余公积	300 000
——任意盈余公积	240 000

例2 属于用盈余公积弥补亏损业务，应作如下账务处理：

借：盈余公积	1 200 000
贷：利润分配——其他转入	1 200 000

例3 属于用盈余公积分配股利业务，应作如下账务处理：

借：盈余公积	300 000
贷：应付股利	300 000

技能训练

1. 中天公司经董事会决定用结存的盈余公积 100 000 元弥补亏损,应如何进行账务处理?

2. 中天公司本年净利润为 3 000 000 元,分别按净利润的 10% 和 8% 提取法定盈余公积和任意盈余公积,应如何进行账务处理?

3. 中天公司经批准将法定盈余公积 200 000 元用于转增资本,应如何进行账务处理?

项目九 财务报告的编制

任务一 财务报告概述及资产负债表的编制

 情境引入

债权人要了解企业的经营状况、偿债能力,就必须浏览企业的资产负债表,通过资产和负债的对比,分析企业的偿债能力。那么,什么是资产负债表?如何编制资产负债表?

 学习目标

1. 了解财务报告的概念、内容、作用及编制要求。
2. 掌握资产负债表的概念、基本结构和编制方法。

 任务内容

例 中天公司有关资料如下:

(一)中天公司基本资料

中天公司为一般纳税人,适用的增值税税率为17%,所得税税率为25%;原材料采用计划成本进行核算。该公司2010年12月31日资产负债表见表9.1所示。其中,"应收账款"账户的期末余额为4 000 000元,"坏账准备"账户的期末余额为9 000元,其他诸如存货、长期投资、固定资产、无形资产均未计提资产减值准备。

表9.1 资产负债表

编制单位:中天公司　　　　2010年12月31日　　　　　　　　单位:元

账户名称	借方余额	账户名称	贷方余额
流动资产		流动负债	
库存现金	63 000	短期借款	3 000 000
银行存款	14 000 000	交易性金融负债	0.00
其他货币资金	0.00	应收票据	2 000 000

续表

账户名称	借方余额	账户名称	贷方余额
交易性金融资产	150 000	应付账款	9 548 000
应收票据	2 460 000	预收账款	0.00
应收账款	3 991 000	应付职工薪酬	1 100 000
坏账准备	0.00	应交税费	366 000
其他应收款	3 050 000	其他应付款	500 000
预付账款	1 000 000	一年内到期的非流动负债	0.00
应收利息	0.00	其他流动负债	10 000 000
应收股利	0.00	流动负债合计	26 514 000
存货	25 800 000	长期借款	6 000 000
其他流动资产	0.00	应付债券	0.00
流动资产合计	50 514 000	长期借款合计	6 000 000
非流动资产:		负债合计	32 514 000
长期应收款	0.00	所有者权益(或股东权益):	
长期股权投资	2 500 000	实收资本(或股本)	50 000 000
投资性房地产	0.00	资本公积	0.00
固定资产	8 000 000	盈余公积	1 000 000
在建工程	15 000 000	未分配利润	500 000
工程物资	0.00	所有者权益(或股东权益)合计	51 500 000
固定资产清理	0.00		
生产性生物资产	0.00		
无形资产	6 000 000		
长期待摊费用	0.00		
递延所得税资产	0.00		
其他非流动资产	2 000 000		
非流动资产合计	33 500 000		
资产总计	84 014 000	负债和所有者权益合计	84 014 000

(二)该公司2011年发生的经济业务

1. 接开户银行通知,用银行存款支付到期的商业承兑汇票1 000 000元。

2. 购入一批原材料,收到的增值税专用发票上注明的原材料价款为1 500 000元,增值税进行税额为255 000元,款项已通过银行转账支付,材料尚未验收入库。

3. 收到一批原材料,实际成本1 000 000元,计划成本950 000元,材料已验收入库,货款已于上月支付。

4. 用银行汇票支付采购材料价款,公司收到开户银行转来银行汇票多余款收账通知,通知上填写的多余款为2 340元,购入材料及运费998 000元,支付的增值税进项税额为169 660元,材料验收入库,该批材料的计划成本为1 000 000元。

5. 销售一批产品,开出的增值税发票上注明的销售价款为3 000 000元,增值税销项税额为510 000元,货款尚未收到。该批产品实际成本1 800 000元,产品已发出。

6. 公司将交易性金融资产——股票投资兑现165 000元,该投资的成本为130 000元,公允价值变动为增值20 000元,处置收益为15 000元,存入银行。

7. 购入一台不需安装设备,收到的增值税专用发票注明的设备价款为854 700元,增值税进项税额145 300元,支付运费、包装费等10 000元。所有款项通过银行存款支付,设备已交付使用。

8. 购入一批工程物资用于厂房建设,收到增值税专用发票上注明价款和增值税进项税额合计1 500 000元,款项已通过银行存款支付。

9. 工程人员应付职工薪酬2 280 000元。

10. 一项工程完工并交付生产使用,且办理竣工手续,固定资产价值14 000 000元。

11. 基本生产车间的一台机床报废,原价2 000 000元,已提折旧1 800 000元,清理费用5 000元,残值收入8 000元,均通过银行存款收支。该项固定资产已经清理完毕。

12. 从银行借入三年期借款10 000 000元,借款已存入银行账户。

13. 销售产品一批,开出增值税专用发票销售价款7 000 000元,增值税销项税额1 190 000元,款项已存入银行。销售产品的实际成本为4 200 000元。

14. 公司将要到期的一张面值为2 000 000元的无息银行承兑汇票(不含增值税),连同解讫通知书和进账单交银行办理转账,收到银行盖章退回的进账单一联,款项银行已收妥。

15. 公司出售一台不需用设备,收到价款3 000 000元,该设备原价4 000 000元,已提折旧1 500 000元。该项设备已由购入单位运走,不考虑相关税费。

16. 取得交易性金融资产(股票投资),价款1 030 000元,交易费用20 000元,已用银行存款支付。

17. 支付工资5 000 000元,其中包括支付在建工程人员的工资2 000 000元。

18. 分配应支付的职工工资3 000 000元(不包括在建工程应负担的工资)。其中,生产工人的工资2 750 000元,车间管理人员的工资100 000元,行政人员工资150 000元。

19. 提取职工福利费420 000元(不包括在建工程应负担的福利费280 000元)。其中,生产工人385 000元,车间管理人员14 000元,厂部行政管理人员福利费21 000元。

20. 基本生产车间领用原材料,计划成本 7 000 000 元,领用低值易耗品计划成本 500 000 元,采用一次摊销法摊销。

21. 结转领用原材料应分摊的材料成本差异,材料成本差异率为 5%。

22. 计提无形资产摊销 600 000 元,以银行存款支付生产车间水电费 900 000 元。

23. 计提固定资产折旧 1 000 000 元。其中,生产车间 800 000 元,管理部门 200 000 元,计提固定资产减值准备 300 000 元。

24. 收到应收账款 510 000 元,存入银行;计提应收账款坏账准备 9 000 元。

25. 用银行存款支付产品展览费 100 000 元。

26. 计算并结转本期完工入库产品成本 12 824 000 元,期末没有在产品,本期生产的产品全部完工入库。

27. 用银行存款 100 000 元支付广告费。

28. 公司采用商业承兑汇票方式销售一批产品,开出增值税专用发票上注明售价 2 500 000 元,增值税销项税额 425 000 元;收到 2 925 000 元的商业承兑汇票一张,产品实际成本 1 500 000 元。

29. 公司将上述商业承兑汇票向银行贴现,贴现息为 200 000 元。

30. 公司本期产品销售应缴纳的教育费附加 20 000 元。

31. 用银行存款缴纳增值税 1 000 000 元;教育费附加 20 000 元。

32. 本期在建工程应负担的长期借款利息 2 000 000 元;长期借款为分期付息。

33. 提取应计入本期损益的长期借款利息 100 000 元,长期借款为分期付息。

34. 归还短期借款本金 2 500 000 元。

35. 支付长期借款利息 2 100 000 元。

36. 偿还长期借款 6 000 000 元。

37. 上年度销售一批产品,专用发票注明价款 100 000 元,增值税销项税额 17 000 元,购货方开出商业承兑汇票;本期由于购货方发生财务困难,无法按合同偿还债务,经双方协商,中天公司同意购货方用产品抵偿该应收票据,用于抵债的产品市价 80 000 元,增值税税率 17%。

38. 持有的交易性金融资产公允价值 1 050 000 元。

39. 结转本期产品销售成本 7 500 000 元。

40. 假设本例中除计提固定资产减值准备 300 000 元造成固定资产账面价值与其计税基础存在差异外,不考虑其他项目的所得税影响,企业按照税法规定计算确定的应交所得税为 948 650 元,递延所得税资产 75 000 元。

41. 将各收支账户结转本年利润。

42. 按照净利润的 10% 提取法定盈余公积。

43. 将利润分配各明细账户的余额转入"未分配利润"明细账户,结转本年利润。

44. 用银行存款缴纳当年应交所得税。

要求:根据以上业务资料,编制中天公司 2011 年度经济业务的会计分录,并在此基础上编制资产负债表。

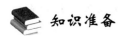 **知识准备**

为完成上述任务,需要充分了解财务报告的概念、内容、作用及编制要求,掌握资产负债表的概念、结构及编制方法。

一、财务报告的概念、内容

财务报告是企业对外提供的、反映企业某一特定日期财务状况和某一会计期间经营成果和现金流量的文件,包括会计报表、会计报表附注和财务情况说明书。

(1) 会计报表是财务报告的主体和核心。

(2) 会计报表附注是对会计报表中列示项目的文字描述或明细资料以及对未能在这些报表中列示项目的说明等。

(3) 财务情况说明书是对一定会计期间生产经营以及财务成本情况进行说明分析的文字。

二、财务报告的作用

财务报告的作用是使财务报告使用者作出经济决策,提供与企业财务状况、经营成果和现金流量等有关的会计信息。主要包括以下几点:

1. 向投资者和债权人提供企业盈利能力、财务状况等方面的信息,使他们作出准确的决策。

2. 向政府提供有关企业的盈利状况和纳税等方面的信息,为国家的宏观决策提供依据。

3. 向企业管理层提供企业财务状况、经营成果、现金流量等方面的信息,为今后企业进行生产经营决策和改善经营管理提供依据。

三、财务报告的编制要求

(一) 数字真实

会计报告中各项指标数字必须根据真实可靠的账簿资料整理编制,这样才能保证企业会计报表所提供的信息是有用的。

(二) 内容完整

只有内容完整、全面地反映企业的经济活动,提供完整的会计信息资料,才能满足各有关方面对会计信息的需要,使报表使用者作出正确的抉择。因此,会计报表必须按照统一的规定进行填报。

（三）计算准确

为了保证会计报表资料的准确性，报表的数字必须计算准确，各项指标的计算方法、计算口径应与《企业会计准则》相一致，不准任意增加或减少。

（四）报送及时

为了保证会计报表的及时性，企业在编制会计报告时必须遵守期限规定，做到报送及时，以便有关方面及时掌握企业的财务状况和经营成果。为此，会计部门要同企业的有关部门密切配合，加强日常核算工作，保证在会计期间结束后，及时编制、按期报送会计报表。

四、资产负债表

（一）资产负债表的概念

资产负债表是反映企业某一特定日期财务状况的会计报表，它反映了企业在某一特定日期所拥有或控制的经济资源，所承担的现时义务和所有者对企业净资产的要求权。

（二）资产负债表的作用

1. 从总体上反映企业的资产总额及这些资产的来源。
2. 揭示企业资产负债的构成，通过资产和负债的对比分析反映企业的偿债能力。
3. 反映所有者在公司中持有的权益以及权益的构成情况。
4. 通过对前后期连续的资产负债表进行比较分析，可以反映企业财务状况的变化趋势。

（三）资产负债表的基本结构

资产负债表是以"资产＝负债＋所有者权益"这一会计等式为基础而编制的。具体由资产、负债、所有者权益三大会计要素构成。

目前，国际上通用的资产负债表格式有两种：账户式资产负债表和报告式资产负债表。我国企业资产负债表采用账户式资产负债表。账户式资产负债表分左、右两方：左方列示资产各项目，资产按流动性分别列示流动资产和非流动资产，反映全部资产的分布及存在形态；右方列示负债和所有者权益各项目，按清偿时间分别列示流动负债、非流动负债和所有者权益各项目，反映企业全部负债和所有者权益的内容及构成情况。最后，"资产总额＝负债总额＋所有者权益总额"。

（四）资产负债表的编制方法

1. 根据总账账户期末余额直接填列。

如交易性金融资产、应收票据、应收利息、应收股利、工程物资、固定资产清理、短期借款、应付票据、应交税费、应付职工薪酬、应付利息、应付股利、实收资本、资本公积、盈余公积、递延所得税资产、递延所得税负债等。

2. 根据总账期末余额分析计算填列。

主要项目填制方法为：

① "货币资金"项目＝"库存现金"＋"银行存款"＋"其他货币资金"

② "存货"项目＝"原材料"＋"材料采购"（或"在途物资"）＋"生产成本"＋"制造费用"
＋"周转材料"＋"委托加工物资"＋"自制半成品"＋"库存商品"
＋"发出商品"＋"材料成本差异"借方（－贷方）－"存货跌价准备"。

③ "固定资产"项目＝"固定资产"－"累计折旧"。

④ "无形资产"项目＝"无形次产"－"累计摊销"。

⑤ "未分配利润"项目。反映企业尚未分配的利润。本项目应根据"本年利润"账户和"利润分配"账户的期末余额计算填列，如果为未弥补的亏损，在本项目内以"－"填列。

"未分配利润"项目＝"利润分配"＋"本年利润"（贷方用正数，借方用负数）。

3. 根据明细账期末余额分析计算填列。

主要项目的填制方法为：

① "预付账款"："预付账款"所属各明细账借方余额＋"应付账款"所属明细账借方余额。

② "应付账款"："应付账款"所属各明细账贷方余额＋"预付账款"所属明细账贷方余额。

③ "预收账款"："预收账款"所属各明细账贷方余额＋"应收账款"所属明细账贷方余额。

④ "应收账款"："应收账款"所属各明细账借方余额＋"预收账款"所属明细账借方余额－"坏账准备"贷方余额。

4. 根据总账和明细账期末余额分析计算填列。

① "长期借款"："长期借款"贷方余额－"长期借款"明细账余额（一年内到期的）。

② "应付债券"："应付债券"贷方余额－"应付债券"明细账余额（一年内到期的）。

5. 资产负债表各项目的具体填列方法。

① 货币资金：反映企业库存现金、银行存款和其他货币资金。本项目应根据"库存现金"＋"银行存款"＋"其他货币资金"账户的期末余额计算填列。

② 交易性金融资产：反映企业为交易的目的而持有的债券投资、股票投资、基金投资等交易性金融资产的公允价值。本项目根据"交易性金融资产"账户期末余额直接填列。

③ 应收票据：反映企业收到的未到期收款而且也未向银行贴现的商业承兑汇票和银行承兑汇票的余额。本项目根据"应收票据"账户期末余额直接填列。

④ 应收账款：反映企业因销售商品、提供劳务等应向购买单位收取的各种款项，减去已计提的坏账准备后的净额。本项目根据"应收账款"和"预收账款"所属明细账户的借方余额合计，减去"坏账准备"账户后的余额填列。

⑤ 预付款项：反映企业按购货合同规定预付给供应单位的款项。本项目根据"应付

账款"和"预付账款"所属明细账户的借方余额计算填列。

⑥ 应收利息：反映企业应收取的债券投资等的利息。本项目根据"应收利息"账户期末余额直接填列。

⑦ 应收股利：反映企业应收取的现金股利和应收取其他单位分配的利润。本项目根据"应收股利"账户期末余额直接填列。

⑧ 其他应收款：反映企业除应收票据、应收账款、预付账款、应收股利、应收利息等经营活动以外的其他各种应收、暂付款项。本项目根据"其他应收款"账户期末余额减去"坏账准备"明细账户余额（属于为其他应收款计提的坏账准备）后填列。

⑨ 存货：反映企业期末在库、在途和加工中的各种存货的可变现净值。本项目根据"原材料"、"在途物资"或"材料采购"、"周转材料"、"生产成本"、"库存商品"、"发出商品"、"委托加工物资"、"委托代销商品"等账户余额的合计，减去"存货跌价准备"账户的期末余额填列。材料采用计划成本核算的还应加减材料成本差异。

⑩ 一年内到期的非流动资产项目：反映企业将于一年内到期的非流动资产项目金额。本项目应根据有关账户的期末余额分析填列，如一年内到期的长期待摊费用。

⑪ 可供出售金融资产：本项目反映企业持有的可供出售金融资产的公允价值，包括划分为可供出售的股票投资、债券投资等金融资产。本项目根据"可供出售金融资产"账户期末余额填列。

⑫ 持有至到期投资：反映企业持有至到期投资的净值。本项目根据"持有至到期投资"账户期末余额减去一年内到期的投资部分和"持有至到期投资减值准备"账户余额后填列。

⑬ 长期股权投资：反映企业持有的对子公司、联营企业和合营企业的长期股权投资。本项目根据"长期股权投资"账户期末余额减去"长期股权投资减值准备"账户余额填列。

⑭ 固定资产：反映企业各种固定资产原值减去累计折旧和固定资产减值准备后的净额。本项目根据"固定资产"账户期末余额减去"累计折旧"、"固定资产减值准备"期末余额后填列。

⑮ 在建工程：反映企业期末各项未完工程的实际支出，包括交付安装的设备价值、未完工程已经耗用的材料、工资和费用等。本项目根据"在建工程"账户期末余额减去"在建工程减值准备"后的净额填列。

⑯ 工程物资：反映企业尚未使用的各项工程物资的实际成本。本项目根据"工程物资"账户期末余额填列。

⑰ 固定资产清理：反映企业因出售、毁损、报废等原因转入清理但尚未清理完毕时固定资产的净值，以及固定资产清理过程中所发生的清理费用和变价收入等金额。本项目根据"固定资产清理"账户的期末借方余额填列，如"固定资产清理"账户期末为贷方余额，以"－"填列。

⑱ 无形资产：反映企业持有的各项无形资产的净值。本项目根据"无形资产"账户期末余额减去"累计摊销"、"无形资产减值准备"期末余额后填列。

⑲ 开发支出：反映企业开发无形资产过程中发生的、尚未形成无形资产成本的支出。

本项目反映企业正在进行无形资产研究开发项目满足资本化条件的支出。本项目根据"研发支出——资本化支出"账户的期末余额填列。

⑳ 商誉：本项目反映企业合并中形成的商誉价值。根据"商誉"账户期末余额填列；

㉑ 长期待摊费用：反映企业尚未摊销的摊销期在一年以上（不含一年）的各项费用。本项目根据"长期待摊费用"账户期末余额减去将于一年内（含一年）摊销的数额后的金额填列。

㉒ 递延所得税资产：反映企业应可抵扣暂时性差异形成的递延所得税资产。本项目根据"递延所得税资产"账户期末余额填列。

㉓ 短期借款：反映企业向银行或其它金融机构借入的在一年以下（含一年）的各种借款。本项目根据"短期借款"账户期末余额填列。

㉔ 交易性金融负债：反映企业发行短期债券等所形成的交易性金融负债公允价值。本项目根据"交易性金融负债"账户期末余额填列。

㉖ 应付票据：反映企业为了抵付货款、购买材料而开出承兑的商业汇票，包括商业承兑汇票和银行承兑汇票。本项目根据"应付票据"账户余额填列。

㉗ 应付账款：反映企业购买材料、商品和接受劳务供应等应付给供应单位的款项。本项目根据"应付账款"、"预付账款"所属明细账户的贷方余额计算填列。

㉘ 预收账款：反映企业按照销售合同等规定预收购买单位的款项。本项目根据"应收账款"、"预收账款"所属明细账户的贷方余额计算填列。如"预收账款"账户所属各明细期末有借方余额，应在资产负债表"应收账款"项目内填列。

㉙ 应付职工薪酬：反映企业根据有关规定应付给职工的工资、职工福利、社会保险费、住房公积金、工会经费、职工教育经费、非货币性福利、辞退福利等各种薪酬。本项目根据"应付职工薪酬"账户期末余额填列。

㉚ 应交税费：反映企业按照税法规定计算应缴纳的各种税费，包括增值税、消费税、所得税、土地增值税、资源税、城市维护建设税、房产税、土地使用税、车船使用税、教育费附加等。本项目根据"应交税费"账户期末余额填列。

㉛ 应付利息：反映企业按照规定应支付的利息，包括分期付息到期还本的长期借款应支付的利息、企业发行的企业债券应支付的利息等。本项目根据"应付利息"账户期末余额填列。

㉜ 应付股利：反映企业分配的现金股利或利润。本项目根据"应付股利"账户期末余额填列。

㉝ 其他应付款：反映企业所有应付和暂收其他单位和个人的款项。本项目根据"其他应付款"账户期末余额填列。

㉞ 一年内到期的非流动负债：反映企业各种非流动负债在一年之内到期的金额，包括一年内到期的长期借款、长期应付款和应付债券。本项目根据有关长期负债账户期末余额填列。

㉟ 长期借款：反映企业借入的偿还期在一年以上的各种借款。本项目根据"长期借款"账户扣除一年内到期的长期借款的余额填列。

㊱ 应付债券：反映企业尚未偿还的长期债券摊余价值。本项目根据"应付债券"账户期末余额减去一年内到期的部分的金额填列。

㊲ 长期应付款：反映企业除长期借款、应付债券以外的各种长期应付款。本项目根据"长期应付款"账户期末余额填列。

㊳ 专项应付款：反映本项目根据"专项应付款"账户期末余额填列。

㊴ 递延所得税负债：反映企业根据应纳税暂时性差异确认的递延所得税负债。本项目根据"递延所得税负债"账户期末余额填列。

㊵ 实收资本：反映企业各投资者实际投入的资本总额。本项目根据"实收资本"账户期末余额填列；

㊶ 资本公积：反映企业资本公积的期末余额。本项目根据"资本公积"账户期末余额填列。

㊷ 盈余公积：反映企业盈余公积的期末余额。本项目根据"盈余公积"账户期末余额填列。

㊸ 未分配利润：反映企业尚未分配的利润。本项目根据"本年利润"和"利润分配"账户期末余额计算填列，如为未弥补的亏损，在本项目内以"－"填列。

操作指南

掌握了资产负债表的编制方法，针对"任务内容"部分的案例，进行如下分析、处理。

例 根据任务案例业务资料编制会计分录如下：

(1) 借：应付票据　　　　　　　　　　　　　　　　　1 000 000
　　　贷：银行存款　　　　　　　　　　　　　　　　　　　　1 000 000
(2) 借：材料采购　　　　　　　　　　　　　　　　　1 500 000
　　　　应交税费——应交增值税（进项税额）　　　　　255 000
　　　贷：银行存款　　　　　　　　　　　　　　　　　　　　1 755 000
(3) 借：原材料　　　　　　　　　　　　　　　　　　　950 000
　　　　材料成本差异　　　　　　　　　　　　　　　　 50 000
　　　贷：材料采购　　　　　　　　　　　　　　　　　　　　1 000 000
(4) 借：材料采购　　　　　　　　　　　　　　　　　　998 000
　　　　银行存款　　　　　　　　　　　　　　　　　　　2 340
　　　　应交税费——应交增值税（进项税金）　　　　　169 660
　　　贷：其他货币资金　　　　　　　　　　　　　　　　　　1 170 000
　　借：原材料　　　　　　　　　　　　　　　　　　1 000 000
　　　贷：材料采购　　　　　　　　　　　　　　　　　　　　998 000
　　　　　材料成本差异　　　　　　　　　　　　　　　　　　2 000
(5) 借：应收账款　　　　　　　　　　　　　　　　　3 510 000
　　　贷：主营业务收入　　　　　　　　　　　　　　　　　　3 000 000
　　　　　应交税费——应交增值税（销项税额）　　　　　　　510 000

(6) 借:银行存款　　　　　　　　　　　　　　　　　　　　165 000
　　　贷:交易性金融资产——成本　　　　　　　　　　　　　130 000
　　　　　　　　　　——公允价值变动　　　　　　　　　　　20 000
　　　　　投资收益　　　　　　　　　　　　　　　　　　　　15 000
(7) 借:固定资产　　　　　　　　　　　　　　　　　　　　864 700
　　　应交税费——应交增值税(进项税额)　　　　　　　　　145 300
　　　贷:银行存款　　　　　　　　　　　　　　　　　　　1 010 000
(8) 借:工程物资　　　　　　　　　　　　　　　　　　　1 500 000
　　　贷:银行存款　　　　　　　　　　　　　　　　　　　1 500 000
(9) 借:在建工程　　　　　　　　　　　　　　　　　　　2 280 000
　　　贷:应付职工薪酬　　　　　　　　　　　　　　　　　2 280 000
(10) 借:固定资产　　　　　　　　　　　　　　　　　　14 000 000
　　　贷:在建工程　　　　　　　　　　　　　　　　　　14 000 000
(11) 借:固定资产清理　　　　　　　　　　　　　　　　　200 000
　　　累计折旧　　　　　　　　　　　　　　　　　　　　1 800 000
　　　贷:固定资产　　　　　　　　　　　　　　　　　　2 000 000
　　　借:固定资产清理　　　　　　　　　　　　　　　　　　5 000
　　　贷:银行存款　　　　　　　　　　　　　　　　　　　　5 000
　　　借:银行存款　　　　　　　　　　　　　　　　　　　　8 000
　　　贷:固定资产清理　　　　　　　　　　　　　　　　　　8 000
　　　借:营业外支出——处置固定资产净损失　　　　　　　197 000
　　　贷:固定资产清理　　　　　　　　　　　　　　　　　197 000
(12) 借:银行存款　　　　　　　　　　　　　　　　　　10 000 000
　　　贷:长期借款　　　　　　　　　　　　　　　　　　10 000 000
(13) 借:银行存款　　　　　　　　　　　　　　　　　　　8 190 000
　　　贷:主营业务收入　　　　　　　　　　　　　　　　　7 000 000
　　　　　应交税费——应交增值税(销项税额)　　　　　　1 190 000
(14) 借:银行存款　　　　　　　　　　　　　　　　　　　2 000 000
　　　贷:应收票据　　　　　　　　　　　　　　　　　　　2 000 000
(15) 借:固定资产清理　　　　　　　　　　　　　　　　2 500 000
　　　累计折旧　　　　　　　　　　　　　　　　　　　　1 500 000
　　　贷:固定资产　　　　　　　　　　　　　　　　　　4 000 000
　　　借:银行存款　　　　　　　　　　　　　　　　　　3 000 000
　　　贷:固定资产清理　　　　　　　　　　　　　　　　3 000 000
　　　借:固定资产清理　　　　　　　　　　　　　　　　　500 000
　　　贷:营业外收入——处置固定资产净收益　　　　　　　500 000
(16) 借:交易性金融资产　　　　　　　　　　　　　　　1 030 000

	投资收益	20 000
	贷：银行存款	1 050 000
(17) 借：应付职工薪酬		5 000 000
	贷：银行存款	5 000 000
(18) 借：生产成本		2 750 000
	制造费用	100 000
	管理费用	150 000
	贷：应付职工薪酬——工资	3 000 000
(19) 借：生产成本		385 000
	制造费用	14 000
	管理费用	21 000
	贷：应付职工薪酬——职工福利	420 000
(20) 借：生产成本		7 000 000
	贷：原材料	7 000 000
	借：制造费用	500 000
	贷：周转材料	500 000
(21) 借：生产成本		350 000
	制造费用	25 000
	贷：材料成本差异	375 000
(22) 借：管理费用——无形资产摊销		600 000
	贷：累计摊销	600 000
	借：制造费用——水电费	900 000
	贷：银行存款	900 000
(23) 借：制造费用——折旧费		800 000
	管理费用——折旧费	200 000
	贷：累计折旧	1 000 000
(24) 借：银行存款		510 000
	贷：应收账款	510 000
	借：资产减值损失——坏账准备	9 000
	贷：坏账准备	9 000
(25) 借：销售费用——展览费		100 000
	贷：银行存款	100 000
(26) 借：生产成本		2 339 000
	贷：制造费用	2 339 000
	借：库存商品	12 824 000
	贷：生产成本	12 824 000
(27) 借：销售费用——广告费		100 000

	贷:银行存款	100 000
(28)	借:应收票据	2 295 000
	贷:主营业务收入	2 500 000
	应交税费——应交增值税(销项税额)	425 000
(29)	借:财务费用	200 000
	银行存款	2 725 000
	贷:应收票据	2 925 000
(30)	借:税金及附加	20 000
	贷:应交税费——应交教育费附加	20 000
(31)	借:应交税费——应交增值税(已交税金)	1 000 000
	——应交教育费附加	20 000
	贷:银行存款	1 020 000
(32)	借:在建工程	2 000 000
	贷:应付利息	2 000 000
(33)	借:财务费用	100 000
	贷:应付利息	100 000
(34)	借:短期借款	2 500 000
	贷:银行存款	2 500 000
(35)	借:应付利息	2 100 000
	贷:银行存款	2 100 000
(36)	借:长期借款	6 000 000
	贷:银行存款	6 000 000
(37)	借:库存商品	80 000
	应交税费——应交增值税(进项税额)	13 600
	营业外支出——债务重组损失	23 400
	贷:应收票据	117 000
(38)	借:交易性金融资产——公允价值变动	20 000
	贷:公允价值变动损益	20 000
(39)	借:主营业务成本	7 500 000
	贷:库存商品	7 500 000
(40)	借:所得税费用——当期所得税费用	948 650
	贷:应交税费——应交所得税	948 650
	借:递延所得税资产	75 000
	贷:所得税费用——递延所得税费用	75 000
(41)	借:主营业务收入	12 500 000
	营业外收入	500 000
	投资收益	15 000

```
        贷:本年利润                                           13 015 000
     借:本年利润                                               9 520 400
        贷:主营业务成本                                         7 500 000
           税金及附加                                              20 000
           销售费用                                                200 000
           管理费用                                                971 000
           财务费用                                                300 000
           资产减值损失                                            309 000
           营业外支出                                              220 400
     借:本年利润                                                 873 650
        贷:所得税费用                                             873 650
(42) 借:利润分配——提取法定盈余公积                              262 095
        贷:盈余公积——法定盈余公积                                262 095
   提取法定盈余公积=(13 015 000-9 520 400-873 650)×10%=262 095(元)
(43) 借:利润分配——未分配利润                                    262 095
        贷:利润分配——提取法定盈余公积                            262 095
     借:本年利润                                               2 620 950
        贷:利润分配——未分配利润                                2 620 950
(44) 借:应交税费——应交所得税                                    948 650
        贷:银行存款                                              948 650
```

根据所发生的业务资料编制资产负债表如9.2所示。

表9.2 资产负债表

编制单位:中天股份公司　　　　　2011年12月31日　　　　　　　　单位:元

资产	期末余额	年初余额	负债和所有者权益（或股东权益）	期末余额	年初余额
流动资产			流动负债		
货币资金	14 504 690	14 063 000	短期借款	500 000	3 000 000
交易性金融资产	1 050 000	150 000	交易性金融负债	0	0
应收票据	343 000	2 460 000	应付票据	1 000 000	2 000 000
应收账款	6 982 000	3 991 000	应付账款	9 548 000	9 548 000
预付款项	1 000 000	1 000 000	预收款项	0	0
应收利息	0	0	应付职工薪酬	1 800 000	1 100 000
应收股利	0	0	应交税费	907 440	366 000
其他应收款	3 050 000	3 050 000	应付利息	0	0
存货	25 827 000	25 800 000	应付股利	0	0

续表

资产	期末余额	年初余额	负债和所有者权益（或股东权益）	期末余额	年初余额
一年内到期的非流动资产	0	0	其他应付款	500 000	500 000
其他流动资产	0	0	一年内到期的非流动负债	0	0
流动资产合计	52 756 690	50 514 000	其他流动负债	10 000 000	10 000 000
非流动资产			流动负债合计	24 255 440	26 514 000
可供出售金融资产	0	0	非流动负债		
持有至到期投资	0	0	长期借款	10 000 000	6 000 000
长期应收款	0	0	应付债券	0	0
长期股权投资	2 500 000	2 500 000	长期应付款	0	0
投资性房地产	0	0	专项应付款	0	0
固定资产	18 964 700	8 000 000	预计负债	0	0
在建工程	5 280 000	15 000 000	递延所得税负债	0	0
工程物资	1 500 000	0	其他非流动负债	0	0
固定资产清理	0	0	非流动负债合计	10 000 000	6 000 000
生产性生物资产	0	0	负债合计	34 255 440	32 514 000
油气资产	0	0	所有者权益（或股东权益）		
无形资产	5 400 000	6 000 000	实收资本	50 000 000	50 000 000
开发支出	0	0	资本公积	0	0
商誉	0	0	减:库存股	0	0
长期待摊费用	0	0	盈余公积	1 262 095	1 000 000
递延所得税资产	75 000	0	未分配利润	2 858 855	500 000
其他非流动资产	2 000 000	2 000 000	所有者权益（或股东权益）合计	54 120 950	51 500 000
非流动资产合计	35 619 700	33 500 000			
资产总计	88 376 390	84 014 000	负债和所有者权益（或股东权益）总计	88 376 390	84 014 000

技能训练

吉林中天纺织厂 2012 年 12 月 31 日有关账户余额资料如表 9.3 所示,年初余额按上年的资产负债表的期末余额填列,本表略。

要求:根据上述余额资料编制吉林中天纺织厂资产负债表。

表 9.3 账户余额表

单位:元

账户名称	借方金额	账户名称	贷方金额
库存现金	6 000.00	短期借款	16 000.00
银行存款	8 000.00	应付票据	23 367.00
其他货币资金	747.00	应付账款	52 967.00
应收票据	7 143.00	预收账款	14 086.00
应收账款	15 296.00	应付职工薪酬	4 488.00
坏账准备	-764.00	应交税费	5 262.00
其他应收款	11 487.00	其他应付款	25 991.00
预付账款	5 051.00	预计负债	512.00
材料采购	400.00	长期借款	118 690.00
原材料	80 000.00	注:一年内到期的长期借款	15 198.00
材料成本差异	6.00	应付债券	14 187.00
库存商品	8 000.00	递延所得税负债	16.00
发出商品	10.00	实收资本	86 702.00
委托加工物资	120.00	资本公积	37 121.00
周转材料	500.00	盈余公积	33 434.00
存货跌价准备	-100.00	未分配利润	58 366.00
长期股权投资	15 000.00		
长期股权投资减值准备	-854.00		
固定资产	543 082.00		
累计折旧	-265 611.00		
固定资产减值准备	-6 234.00		
工程物资	555.00		
在建工程	48 073.00		
无形资产	6 000.00		
累计摊销	-76.00		

续表

账户名称	借方金额	账户名称	贷方金额
长期待摊费用	3 657.00		
递延所得税资产	5 701.00		
合计	491 189.00	合计	491 189.00

任务二 利润表的编制

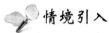情境引入

债权人、投资者要了解企业的经营成果,就必须关注企业的利润表,通过对利润表中各项指标的计算、分析,了解企业一定时期的经营成果,那么,什么是利润表？其基本结构如何？

学习目标

1. 了解利润表的概念、基本结构。
2. 掌握利润表的编制方法。

任务内容

例 编制中天股份公司 2011 年度利润表,资料见任务一"资产负债表的编制"任务案例。

知识准备

为完成上述任务,需要了解利润表的概念、结构,掌握利润表的编制方法。

一、利润表的概念

利润表是反映企业一定期间生产经营成果的会计报表,该表是根据"收入－费用＝利润"会计等式为依据,将一定会计期间的营业收入与同一会计期间相关的营业费用进行配比以计算出企业一定时期的净利润。

二、利润表的作用

1. 通过利润表可以了解企业"收入"、"费用"等情况以及生产经营的收益和成本耗费

情况,分析企业生产经营的成果。

2. 通过利润表可以了解比较时期的数字,分析企业今后利润的发展趋势和获利能力。

三、利润表的结构及编制方法

利润表是通过一定的表格来反映企业的经营成果。目前利润表的结构有单步式和多步式两种,我国一般采用多步式利润表。

多步式利润表的结构主要包括以下三步:

(1) 第一步:营业收入-营业成本-税金及附加-期间费用-资产减值损失+公允价值变动收益(-公允价值变动损失)+投资收益(-投资损失)计算出营业利润。

(2) 第二步:营业利润+营业外收入-营业外支出计算出利润总额。

(3) 第三步:利润总额-所得税费用计算出净利润。

四、利润表项目的填列说明

按照我国企业利润表的格式要求,利润表中的"本期金额"栏根据各损益类账户的本期发生额分析填列,"上期金额"栏根据上年同期企业利润表"本期金额"栏内所列数字填列。如果本年利润表各项目名称和内容同上年同期利润表各项目的名称和内容不一致时,应按照本年度的规定对上年该期企业利润表各项目的名称和金额进行调整。

1. "营业收入"项目,反映企业的主营业务收入和其他业务收入。本项目根据"主营业务收入"和"其他业务收入"账户的发生额分析计算填列。

2. "营业成本"项目,反映企业主营业务和其他业务发生的实际成本。本项目根据"主营业务成本"和"其他业务成本"账户的发生额分析计算填列。

3. "税金及附加"项目,反映企业应负担的消费税、城市维护建设税和教育费附加等。本项目根据"税金及附加"账户的发生额分析计算填列。

4. "销售费用"项目,反映企业在销售商品、提供劳务过程中发生的各项费用,以及企业专设的销售机构经费等。本项目根据"销售费用"账户的发生额分析计算填列。

5. "管理费用"项目,反映企业行政管理部门组织生产经营活动发生的各项费用。本项目根据"管理费用"账户的发生额填列。

6. "财务费用"项目,反映企业筹集生产经营资金发生的各项费用。本项目根据"财务费用"账户的发生额分析计算填列。

7. "资产减值损失"项目,反映企业各项资产发生的减值损失。本项目根据"资产减值损失"账户的发生额填列。

8. "公允价值变动损益"项目,反映企业交易性金融资产等因公允价值变动形成的应计入当期损益的利得或损失。本项目根据"公允价值变动损益"账户的发生额计算填列,如为净损失,则以"-"号填列。

9. "投资收益"项目,反映企业以各种方式对外投资取得的收益。本项目根据"投资收益"账户的发生额分析计算填列。如为净损失,则以"一"号填列。

10. "营业外收入"项目,反映企业发生的与企业生产经营活动没有直接关系的各项收入。本项目根据"营业外收入"账户的发生额填列。

11. "营业外支出"项目,反映企业发生的与企业生产经营活动没有直接关系的各项支出。本项目根据"营业外支出"账户的发生额填列。

12. "所得税费用"项目,反映企业确认的应从当期利润总额中扣除的所得税费用。本项目根据"所得税费用"账户的发生额填列。

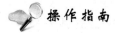 操作指南

掌握了利润表的编制方法,针对"任务内容"部分的案例,进行如下分析、处理。

例 属于编制利润表业务,编制完成的中天股份公司 2011 年度"利润表"如表 9.4 所示。

表 9.4 利润表

编制单位:中天股份公司　　　　2011 年 12 月　　　　　　　　　　单位:万元

项　　目	本期金额	上期金额
一、营业收入	12 500 000	略
减:营业成本	7 500 000	
税金及附加	20 000	
销售费用	200 000	
管理费用	971 000	
财务费用	300 000	
资产减值损失	309 000	
加:公允价值变动收益(损失以"一"号填列)		
投资收益(损失以"一"号填列)	15 000	
其中:对联营企业和合营企业的投资收益		
二、营业利润(亏损以"一"号填列)	3 215 000	
加:营业外收入	500 000	
减:营业外支出	220 400	
其中:非流动资产处置损失		

续表

项　　目	本期金额	上期金额
三、利润总额（亏损以"－"号填列）	3 494 600	
减：所得税费用	873 650	
四、净利润（净亏损以"－"号填列）	2 620 950	
五、每股收益		
（一）基本每股收益		
（二）稀释每股收益		

技能训练

1. 吉林中天纺织厂2012年12月31日有关账户余额资料如表9.5所示，请根据上述余额资料编制吉林中天纺织厂利润表。

表 9.5　账户发生额

单位：元

项　　目	借方发生额	贷方发生额
主营业务收入		800 000.00
主营业务成本	700 000.00	
税金及附加	18 000.00	
其他业务收入		2 000.00
其他业务成本	1 000.00	
销售费用	30 000.00	
管理费用	25 000.00	
财务费用	5 000.00	
投资收益		1 000.00
营业外收入		10 000.00
营业外支出	1 000.00	
资产减值损失	5 000.00	
所得税费用	18 000.00	

任务三 现金流量表
（选学内容）

情境引入

现金流量表的编制很难，不仅有直接法和间接法，还有正表和补充资料，非常繁琐，让会计小李很是头疼，他希望王会计师能教一些技巧或经验给他。

学习目标

1. 了解利润表的概念、基本结构。
2. 掌握现金流量表的编制方法。

任务内容

例 编制中天股份公司2011年度利润表，资料见任务一"资产负债表的编制"任务案例。

知识准备

为完成上述任务，需要了解现金流量表的概念、结构，掌握现金流量表的编制方法。

一、现金流量表的概念

现金流量表是反映企业在一定会计期间内现金和现金等价物流入、流出的会计报表，它是动态的会计报表。

现金流量是指一定会计期间内企业现金和现金等价物的流入和流出。但企业从银行提取现金、用现金购买短期的国库券等现金和现金等价物之间的转换，不属于现金流量。

编制现金流量表的目的，是为财务报表使用者提供企业一定会计期间内的现金和现金等价物流入和流出的信息。以便于财务报表使用者了解和评价企业获得现金和现金等价物的能力，并以此预测企业未来的现金流量。

二、现金流量表的编制基础及现金流量的分类

（一）现金流量表的编制基础

现金流量表是以现金的收付为基础编制的，这里的现金是指库存现金、可以随时用

于支付的存款以及现金等价物。具体包括以下几个方面。

1. 库存现金：是指企业持有的、可随时用于支付的现金，与会计核算中"库存现金"账户所包括的内容一致。

2. 银行存款：是指企业存放在金融机构、可随时支付的存款，与"银行存款"账户基本一致，但不包括不能随时用于支付的存款。例如，不能随时支取的定期存款等不应作为现金；提前通知金融机构并可支取的定期存款则应包括在现金范围内。

3. 其他货币资金：是指企业存放在金融机构的外埠存款、银行汇票存款、银行本票存款、信用卡存款、信用证保证金存款和存出投资款等，与"其他货币资金"账户核算内容一致。

4. 现金等价物：是指企业持有的期限短、流动性高、易于转换为已知金额的现金，价值变动风险很小的短期投资。现金等价物通常指购买在三个月或更短时间内即到期或即可转换为现金的投资。

（二）现金流量的分类

现金流量表将企业一定会计期间内产生的现金流量分为以下三类。

1. 经营活动产生的现金流量。

经营活动是指企业投资活动和筹资活动以外的所有交易和事项。经营活动产生的现金流量主要包括销售商品或提供劳务、购买商品、接受劳务、支付工资和缴纳税款等流入或流出的现金和现金等价物。经营活动产生的现金流量是企业通过运用所拥有或控制的资产获得的现金流量，主要与企业净利润有关。

通过现金流量表中反映的经营活动产生的现金流入和流出，能说明企业经营活动对现金流入和流出净额的影响程度。

2. 投资活动产生的现金流量。

投资活动是指企业长期资产的购建和不包括在现金等价物范围内的投资及其处置活动，主要包括购建和处置固定资产、无形资产和其他长期资产、处置子公司及其他营业单位等流入和流出的现金和现金等价物。长期资产是指固定资产、在建工程、无形资产、其他资产等持有期限在一年或超过一年一个营业周期以上的资产。

通过现金流量表中反映的投资活动产生的现金流量，可以分析企业通过投资获取现金流量的能力，可以判断企业投资活动对现金流量净额的影响程度。

3. 筹资活动产生的现金流量。

筹资活动是指导致企业资本和债务规模和构成发生变化的活动，主要包括吸收投资、发行股票、分配利润等。这里的债务是指企业对外举债所借入的款项，如发行债券、银行借款等。这里的资本既包括实收资本，也包括资本溢价。这些活动所流入或流出的现金和现金等价物就是筹资活动产生的现金流量。

通过现金流量表中反映的筹资活动产生的现金流量，可以分析企业的筹资能力，以及筹资产生的现金流量对企业现金流量净额的影响程度。

三、现金流量表的结构

我国《企业会计准则——现金流量表》规定,企业现金流量表采用报告式结构,分类反映经营活动产生的现金流量、投资活动产生的现金流量和筹资活动产生的现金流量,最后汇总反映企业某一期间内现金及现金等价物净增加额。即现金流量表包括正表和补充资料(见表 9.6)两部分。

四、现金流量表的编制方法

现金流量表准则规定企业应当采用直接法编制现金流量表,并在表 9.6 中提供按间接法将净利润调整为经营活动现金流量的信息。

因此,编制现金流量表时,列报经营活动现金流量的方法有两种:一是直接法,二是间接法。这两种方法通常也称为编制现金流量表的方法。具体在编制现金流量表工作时,既可以采用工作底稿法或 T 型账户法,也可以根据有关账户记录分析填列。

1. 直接法。

所谓直接法,是指按现金收入和现金支出的主要类别直接反映企业经营活动产生的现金流量,如销售商品、提供劳务收到的现金;购买商品、接受劳务支付的现金等就是按现金收入和支出的类别直接反映的。在直接法下,一般是以利润表中的营业收入为起算点,调节与经营活动有关的项目的增减变动,然后计算出经营活动产生的现金流量。简单地说,直接法直接确定每笔涉及现金收支业务的属性,归入按现金流动属性分类形成经营、投资、筹资三部分的现金收支项目。两者的现金流入流出净额合计就得到一个单位整个期间的现金净流量。

2. 间接法。

所谓间接法,是指以净利润为起算点,调整不涉及现金的收入、费用、营业外收支等相关项目,剔除投资活动对现金流量的影响,据此计算出经营活动产生的现金流量(即以净利润为起算点的倒推法)。

表 9.6 现金流量表

编制单位:　　　　　　　　　年　月　日　　　　　　　　单位:元

项目	本年金额	上年金额
一、经营活动产生的现金流量		
销售商品、提供劳务收到的现金		
收到的税费返还		
收到的其他与经营活动有关的现金		
经营活动现金流入小计		
购买商品、接受劳务支付的现金		

续表

项目	本年金额	上年金额
支付给职工及为职工支付的现金		
支付的各项税费		
支付的其他与经营活动有关的现金		
经营活动现金流出小计		
经营活动产生的现金流量净额		
二、投资活动产生的现金流量		
收回投资收到的现金		
取得投资收益收到的现金		
处置固定资产、无形资产和其他长期资产收回的现金净额		
处置子公司及其他营业单位收到的现金净额		
收到其他与投资活动有关的现金		
投资活动现金流入小计		
构建固定资产、无形资产和其他长期资产支付的现金		
投资支付的现金		
取得子公司及其他营业单位支付的现金净额		
支付的其他与投资活动有关的现金		
投资活动现金流出小计		
投资活动产生的现金流量净额		
三、筹资活动产生的现金流量		
吸收投资收到的现金		
借款收到的现金		
收到的其他与筹资活动有关的现金		
筹资活动现金流入小计		
偿还债务支付的现金		
分配股利、利润或偿付利息支付的现金		
支付的其他与筹资活动有关的现金		
筹资活动现金流出小计		
筹资活动产生的现金流量净额		
四、汇率变动对现金及现金等价物的影响		
五、现金及现金等价物净增加额		
加:期初现金及现金等价物余额		

续表

项目	本年金额	上年金额
六、期末现金及现金等价物余额		
补充资料		
1. 将净利润调节为经营活动现金流量		
净利润		
加:资产减值准备		
固定资产折旧		
无形资产摊销		
长期待摊费用		
处置固定资产、无形资产和其他长期资产的损失(收益以"－"号填列)		
固定资产报废损失(收益以"－"号填列)		
公允价值变动损失(收益以"－"号填列)		
财务费用(收益以"－"号填列)		
投资损失(收益以"－"号填列)		
递延所得税资产减少(增加以"－"号填列)		
递延所得税负债增加(减少以"－"号填列)		
存货的减少(增加以"－"号填列)		
经营性应收项目的减少(增加以"－"号填列)		
经营性应付项目的增加(减少以"－"号填列)		
其他		
经营活动产生的现金流量净额		
2. 不涉及现金收支的重大投资或筹资活动		
债务转为资本		
一年内到期的可转换公司债券		
融资租入固定资产		
3. 现金及现金等价物净变动情况		
现金的期末余额		
减:现金的期初余额		
加:现金等价物的期末余额		
减:现金等价物的期初余额		
现金及现金等价物净增加额		

五、现金流量表主要项目说明

（一）经营活动产生的现金流量

1. "销售商品、提供劳务收到的现金"项目，反映企业本年销售商品、提供劳务收到的现金，以及前期销售商品、提供劳务本期收到的现金（包括应向购买者收取的增值税销项税额）和本期预收的款项，减去本年销售本期退回商品和前期销售本期退回商品支付的现金。企业销售材料和代购代销业务收到的现金，也在本项目中反映。

2. "收到的税费返还"项目，反映企业收到返还的所得税、增值税、消费税、关税和教育费附加等各种税费返还款。

3. "收到其他与经营活动有关的现金"项目，反映企业经营租赁收到的租金等其他与经营活动有关的现金流入，金额较大的应当单独列示。

4. "购买商品、接受劳务支付的现金"项目，反映企业本期购买商品、接受劳务实际支付的现金（包括增值税进项税额），以及本期支付前期购买商品、接受劳务的未付款项和本期预付款项，减去本期发生的购货退回收到的现金。企业购买材料和代购代销业务支付的现金，也在本项目中反映。

5. "支付给职工以及为职工支付的现金"项目，反映企业实际支付给职工的工资、资金、各种津贴和补贴等职工薪酬（包括代扣代缴的职工个人所得税）。

6. "支付的各项税费"项目，反映企业本年发生并支付、以前各年发生本年支付以及预交的各项税费，包括所得税、增值税、消费税、印花税、房产税、土地增值税、车船税、教育费附加等。

7. "支付其他与经营活动有关的现金"项目，反映企业经营租赁支付的租金、支付的差旅费、业务招待费、保险费、罚款支出等其他与经营活动有关的现金流出，金额较大的应当单独列示。

（二）投资活动产生的现金流量

1. "收回投资收到的现金"项目，反映企业出售、转让或到期收回除现金等价物以外的对其他企业长期股权投资而收到的现金，但处置子公司及其他营业单位收到的现金净额除外。

2. "取得投资收益收到的现金"项目，反映企业除现金等价物以外的对其他企业的长期股权投资等分回的现金股利和利息等。

3. "处置固定资产、无形资产和其他长期资产收回的现金净额"项目，反映企业出售、报废固定资产、无形资产和其他长期资产所取得的现金（包括因资产毁损而收到的保险赔偿收入），减去为处置这些资产而支付的有关费用后的净额。

4. "处置子公司及其他营业单位收到的现金净额"项目，反映企业处置子公司及其他营业单位所取得的现金，减去相关处置费用以及子公司及其他营业单位持有的现金和现金等价物后的净额。

5."购建固定资产、无形资产和其他长期资产支付的现金"项目,反映企业购买、建造固定资产、取得无形资产和其他长期资产所支付的现金(含增值税款等),以及用现金支付的应由在建工程和无形资产负担的职工薪酬。

☆ 为购建固定资产而发生的借款利息资本化部分,以及融资租入固定资产支付的租赁费在筹资活动产生的现金流量中反映。

6."投资支付的现金"项目,反映企业取得除现金等价物以外的对其他企业的长期股权投资所支付的现金以及支付的佣金、手续费等附加费用,但取得子公司及其他营业单位支付的现金净额除外。

7."取得子公司及其他营业单位支付的现金净额"项目,反映企业购买子公司及其他营业单位购买出价中以现金支付的部分,减去子公司及其他营业单位持有的现金和现金等价物后的净额。

8."收到其他与投资活动有关的现金"、"支付其他与投资活动有关的现金"项目,反映企业除上述1~7项目外收到或支付的其他与投资活动有关的现金,金额较大的应当单独列示。

(三) 筹资活动产生的现金流量

1."吸收投资收到的现金"项目,反映企业以发行股票、债券等方式筹集资金实际收到的款项,减去直接支付的佣金、手续费、宣传费、咨询费、印刷费等发行费用后的净额。

2."取得借款收到的现金"项目,反映企业举借各种短期、长期借款而收到的现金。

3."偿还债务支付的现金"项目,反映企业为偿还债务本金而支付的现金。

4."分配股利、利润或偿付利息支付的现金"项目,反映企业实际支付的现金股利、支付给其他投资单位的利润或用现金支付的借款利息、债券利息。

5."收到其他与筹资活动有关的现金"、"支付其他与筹资活动有关的现金"项目,反映企业除上述1~4项目外收到或支付的其他与筹资活动有关的现金,金额较大的应当单独列示。

(四) "汇率变动对现金及现金等价物的影响"项目

1. 企业外币现金流量折算为记账本位币时,采用现金流量发生日的即期汇率或按照系统合理的方法确定的、与现金流量发生日即期汇率近似的汇率折算的金额(编制合并现金流量表时折算境外子公司的现金流量,应当比照处理)。

2. 企业外币现金及现金等价物净增加额按资产负债表日即期汇率折算的金额。

六、现金流量表的作用

(一) 说明企业一定期间内现金流入和流出的原因

现金流量表将现金流量划分为经营活动、投资活动和筹资活动所产生的现金流量,并按照流入现金和流出现金项目分别反映。因此,通过现金流量表能够清晰地反映企业现金流入和流出的原因,即现金从哪里来,又用到哪里去。这些信息是资产负债表和利润表所不能提供的。

（二）说明企业的偿债能力和支付股利的能力

投资者投入资金、债权人提供企业短期或长期使用的资金,其目的主要是为了获利。通常情况下,报表阅读者比较关注企业的获利情况,并且往往以获得利润的多少作为衡量标准。企业获利多少在一定程度上表明了企业具有一定的现金支付能力。但是,企业一定期间内获得的利润并不代表企业真正具有偿债或支付能力。在某些情况下,虽然企业利润表上反映的经营业绩很可观,但财务困难,不能偿还到期债务;还有些企业虽然利润表上反映的经营成果并不可观,但却有足够的偿付能力。产生这种情况有诸多原因,其中会计核算采用的权责发生制、配比原则等所含的估计因素也是其主要原因之一。现金流量表完全以现金的收支为基础,消除了会计核算中由于会计估计等所产生的获利能力和支付能力。通过现金流量表能够了解企业现金流入的构成,分析企业偿债和支付股利的能力,增强投资者的投资信心和债权人收回债权的信心;通过现金流量表,投资者和债权人可了解企业获取现金的能力和现金偿付的能力,从而使有限的社会资源流向最能产生效益的地方。

（三）分析企业未来获取现金的能力

现金流量表反映企业一定期间内的现金流入和流出的整体情况,说明企业现金从哪里来,又运用到哪里去。现金流量表中的经营活动产生的现金流量,代表企业运用其经济资源创造现金流量的能力;投资活动产生的现金流量,代表企业运用资金产生现金流量的能力;筹资活动产生的现金流量,代表企业筹资获得现金流量的能力。通过现金流量表及其他财务信息,可以分析企业未来获取或支付现金的能力。例如,企业通过银行借款筹得资金,从本期现金流量表中反映为现金流入,但却意味着未来偿还借款时要流出现金。又如,本期应收未收的款项,在本期现金流量表中虽然没有反映为现金的流入,但意味着未来将会有现金流入。

（四）分析企业投资和理财活动对经营成果和财务状况的影响

资产负债表能够提供企业一定日期财务的状况,它所提供的是静态的财务信息,并不能反映财务状况变动的原因,也不能表明这些资产、负债给企业带来多少现金,又用去多少现金;利润表虽然反映企业一定期间的经营成果,提供动态的财务信息,但利润表只能反映利润的构成,也不能反映经营活动、投资活动和筹资活动给企业带来多少现金,又支付多少现金,而且利润表不能反映投资活动和筹资活动的全部事项。现金流量表提供一定时期现金流入和流出的动态财务信息,表明企业在报告期内由经营活动、投资活动和筹资活动获得多少现金,企业获得的这些现金是如何运用的,能够说明资产、负债、净资产变动的原因,对资产负债表和利润表起到补充说明的作用。现金流量表是连接资产负债表和利润表的桥梁。

（五）提供不涉及现金的投资和筹资活动的信息

现金流量表除了反映企业与现金有关的投资和筹资活动外，还通过补充资料（附注）方式提供不涉及现金的投资活动和筹资活动方面的信息，使会计报表使用者或阅读者能够全面了解和分析企业的投资和筹资活动。

 操作指南

掌握了现金流量表的编制方法，针对"任务内容"部分的案例，进行如下分析、处理。

例　根据任务案例所发生的业务编制的"现金流量表"如表 9.7 所示。

表 9.7　现金流量表

编制单位：中天股份公司　　　　　2011 年 12 月　　　　　　　　单位：元

项　目	本年金额
一、经营活动产生的现金流量	
销售商品、提供劳务收到的现金	13 425 000
收到税费返还	0
收到的其他与经营活动有关的现金	0
经营活动现金流入小计	13 425 000
购买商品、接受劳务支付的现金	4 967 960
支付给职工及为职工支付的现金	3 000 000
支付的各项税费	1 968 650
支付的其他与经营活动有关的现金	200 000
经营活动现金流出小计	10 136 610
经营活动产生的现金流量净额	3 288 390
二、投资活动产生的现金流量	
收回投资收到的现金	165 000
取得投资收益收到的现金	0
处置固定资产、无形资产和其他长期资产收回的现金净额	3 003 000
处置子公司及其他营业单位收到的现金净额	
收到其他与投资活动有关的现金	
投资活动现金流入小计	3 168 000
构建固定资产、无形资产和其他长期资产支付的现金	4 364 700
投资支付的现金	1 050 000

续表

项　　目	本年金额
取得子公司及其他营业单位支付的现金净额	
支付的其他与投资活动有关的现金	
投资活动现金流出小计	5 414 700
投资活动产生的现金流量净额	−2 246 700
三、筹资活动产生的现金流量	
吸收投资收到的现金	0
借款收到的现金	10 000 000
收到的其他与筹资活动有关的现金	0
筹资活动现金流入小计	10 000 000
偿还债务支付的现金	8 500 000
分配股利、利润或偿付利息支付的现金	2 100 000
支付的其他与筹资活动有关的现金	0
筹资活动现金流出小计	10 600 000
筹资活动产生的现金流量净额	−600 000
四、汇率变动对现金及现金等价物的影响	0
五、现金及现金等价物净增加额	441 690
加:期初现金及现金等价物余额	14 063 000
六、期末现金及现金等价物余额	14 504 690

参 考 文 献

[1]　唐东升,黄骥.企业会计核算与报告[M].北京:中国人民大学出版社,2010.
[2]　财政部会计资格评价中心.初级会计实务[M].北京:中国财政经济出版社,2010.
[3]　张汉连.工业企业会计[M].北京:中国财政经济出版社,2010.
[4]　程运木,黄董良.企业财务会计[M].北京:中国财政经济出版社,2012.
[5]　谭清风,王小华.财务会计实务[M].北京:中国物资出版社,2011.